신편

명심보감

머리말

명심보감이란? 글자 그대로 '마음을 밝혀주는 보배같은 거울'이라는 뜻으로, 옛 성현들의 문장이나 어록 또는 실화 중에서 거울 즉 본보기가 될만한 것들을 골라 한 권의 책으로 엮어 놓은 것이다.

이 책은 高麗 後期 忠烈王 때 秋適이라는 사람이 편찬한 것으로 전해져왔으나, 최근에 그 원본은 明나라 初期에 范立本이라는 사람이 편찬했다는 것이 밝혀졌다. 그러나 우리 朝鮮時代에 통행되던 것은 추적의 抄略本이었으며, 이 명심보감은 중국에서보다 오히려 우리나라에서 더 널리 읽혀졌다고 한다.

이러한 명심보감을 수세기가 지난 오늘날 새로운 체재로 편찬해낸 데에는 다음과 같은 세 가지 목적이 있다.

1. 고전을 통한 적극적이고 자각적인 인성교육
2. 사회생활에 필요한 필수 한자, 한문 지식의 습득
3. 전통문화의 계승, 발전에 필요한 한문 및 동양학적 소양 배양

우리 선조들이 이 명심보감을 애독했던 것은 그 윤리노덕적이고 한문교육직인 가치가 인정받아서였기 때문일 것이다. 그래서 요즘처럼 세상살이가 각박해져 갈수록 가정교육이 소홀해지며 가족관계가 소원해지는 시대에도 명심보감을 기억하고 자녀들에게 사주는 부모가 있고, 또 일부 학교나 사회교육기관에서는 같은 제목의 강좌를 개설하기도 하는 모양이다. 아무튼 각급 학교마다 인성교육과 한자교육이 강조되기 시작한 이 때 더없이 좋은 교재라 여겨져 보다 쉽게 접할 수 있도록 새로이 엮어냈다.

명심보감의 인성교육적 가치는 새삼 논할 것도 없이 중요한 것이고, 여기서는 끝으로 그 한문교육적 가치에 대해서만 간략히 부언하고자 한다. 우선 현재 우리가 쓰고 있는 우리말 어휘의 70%이상이 漢字語로 되어 있는데, 이 역시 중국어나 다른 외국어가 아닌 분명 우리말이다. 따라서 우리가 우리말을 제대로 배우고 사용하기 위해 한자를 익히는 것은 당위에 속하는 일이다. 또한 앞으로 우리나라의 국제교류에 있어서 한자 사용국인 중국 및 일본과의 왕래가 차지하는 비중은 아무리 강조해도 지나치지 않을 것이다. 그럼에도 불구하고 그동안 한글전용정책으로 말미암아 중·고등학교 교과과정에서 한자 교육이 약화되었고 그래서 고등학교를 졸업하고도 부모님 성명은 물론 자기 성명도 한자로 쓰지 못하는 사람이 상당수에 이르는 매

우 심각한 상태에 이르렀으며, 한자능력의 중요성에 대한 인식 자체가 거의 없는 것으로 보여진다. 때문에 최근 들어 우리나라에서도 한자에 대한 인식이 다시 새로워지면서 교육일선이나 사회전반에 결쳐 한자를 교육하자는 목소리가 높아지고 있다. 이에 본 〈신편 명심보감〉이 적절한 한자교육 교재로서도 많은 사람들에게 도움이 되었으면 하는 바이다.

1999년 2월 20일

설악산 아래 봉포 바닷가 송림 속 연구실에서 최형욱 삼가 씀

凡例

1 각 편 첫머리에는 그 篇名에 대한 解題를 두어 全篇의 내용에 대한 간략한 설명을 했다.

2 원문을 싣고, 독음은 달지 않았다. 모르는 글자는 字典을 찾거나 적어도 본문 아래 부분의 글자풀이나 참고 부분만이라도 확인하는 습관을 들이도록 했다.

3 원문 중 오늘날 우리에게 도움이 되지 못하거나 적절하지 않은 것들은 간략하게 다루었다.

4 글자풀이와 참고 부분에는 본문을 이해하는데 필요한 글자의 풀이, 낱말의 풀이 및 참고사항 등을 다양하게 실었다. 그리고 글자풀이는 사전상의 대표훈과 원문에서의 훈을 포함해 두세 개를 제시했다.

5 해석은 가능한한 사전의 의미를 기반으로 직역을 하는 가운데 우리말답게 표현되도록 했다.

6 쓰기란에서는 방금 익힌 본문을 직접 써서 재차 익힐 수 있게 했다. 잘 모르는 글자를 중심으로 주어진 빈 칸을 다 채워넣도록 하자.

차 례

제 1 편

계선편(繼善篇)

解題

계선(繼善)이란 선(善)의 미덕(美德)을 계속 이어 나가라는 뜻으로, 다시 말해 꾸준히 착한 일을 행함으로써 마음을 기쁘게 하고 삶을 복되게 하자는 내용이다.

1

子曰 爲善者는 天報之以福하고
爲不善者는 天報之以禍니라.

글자풀이

繼: 이을 계, 맬 계
善: 착할 선, 좋을 선
子: 아들 자, 임 자
爲: 할 위, 될 위, 위할 위
報: 갚을 보, 알릴 보
以: 써 이(…으로써)
禍: 재앙 화, 죄 화

참고

□ 子: 선생님, 남자에 대한 美稱이나, 儒家에서는 단독으로 쓰이는 경우 孔子를 가리킴.

□ 孔子(B.C. 552~479): 중국 春秋시대 魯나라 출신의 사상가, 교육가. 이름은 丘, 자는 仲尼. 仁을 근본 사상으로 하는 윤리도덕을 확립하여 儒家思想의 핵심 인물이 되었다. 예수·석가모니와 더불어 세계 三大聖人으로 추앙된다. 儒家의 대표적 經典인 〈詩經〉·〈書經〉·〈易經〉의 편찬에 관여한 것으로 전해지며, 그의 제자가 스승의 언행을 기록한 〈論語〉도 널리 읽혀왔다.

□ 以: '…으로써', '… 때문에', '…고', '…이면서도', '…하여서', '…를' 등등의 의미로 쓰임.

해석

공자가 말하기를, "착한 일을 하는 자는 하늘이 복으로써 이를 보답하고, 착하지 않은 일을 하는 자는 하늘이 재앙으로써 이를 보답한다."라고 하였다.

쓰기

子	曰	爲	善	者	天	報	之	以	福	爲	不	善	者	天	報	之
以	禍															

2

漢昭烈이 將終에 勅後主曰 勿以善小而不爲하고
勿以惡小而爲之하라.

글자풀이

昭: 밝을 소, 밝힐 소
烈: 세찰 렬, 굳셀 렬
將: 장차 장, 장수 장
終: 마칠 종, 끝 종
勅: 조서 칙, 신칙할 칙(타이름)
勿: 말 물, 없을 물
而: 말이을 이, 너이, 뿐 이

참고

□ 漢昭烈(161~223): 漢은 원래 B.C.202년에 劉邦이 세운 漢나라(B.C.202~A.D.221)이나, 여기서의 漢은 三國時代에 그 정통성을 잇는다는 명분으로 세워진 蜀漢을 가리킨다. 昭烈은 蜀漢의 太祖를 가리키는데, 성은 漢나라와 同姓인 劉, 이름은 備, 자는 玄德이며, 昭烈은 곧 그의 諡號이다.

□ 後主: 뒤를 이은 군주, 여기서는 유비의 뒤를 이은 劉禪을 가리킨다. 諸葛孔明이 죽은 뒤 魏나라에 굴복한 어리석은 임금이었다.

□ 以: 여기서는 '… 때문에', '…고' 해서 의 뜻으로 쓰임.

□ 之: 여기서는 앞의 惡을 대신하는 대명사로 쓰임.

해석

한나라 소열왕이 장차 죽으려고 할 때 후주에게 조칙을 내려 말하기를, "착한 일이 작다고 하여 아니하지 말며, 악한 일이 작다고 하여 그것을 하지 말라"라고 하였다.

쓰기

漢	昭	烈	將	終	勅	後	主	曰	勿	以	善	小	而	不	爲	勿
以	惡	小	而	爲	之											

3

莊子曰 一日不念善이면 諸惡이 皆自起니라.

글자풀이

莊: 엄할 장, 장자 장
念: 생각할 념, 욀 념
諸: 모든 제, 어조사 제(之於의 뜻)
皆: 다 개, 두루미칠 개
起: 일어날 기, 일으킬 기

참고

□ 莊子(B.C.365~290): 중국 전국시대 宋나라 출신의 道學者. 이름은 周, 字는 子休, 號는 南華眞人. 老子의 '無爲自然說'을 계승·발전시켜 老莊思想 즉 道家思想을 이루었다. 삶과 죽음을 초월하여 절대 무한의 경지에 逍遙함을 인생관으로 하였다. 저술로는 〈莊子〉 또는 〈南華眞經〉이라고도 불리우는 〈南華經〉 10권이 전한다.

해석

장자가 말하기를, "하루라도 선을 생각하지 않으면 모든 악이 저절로 일어난다"라고 하였다.

쓰기

莊	子	曰	一	日	不	念	善	諸	惡	皆	自	起				

4

太公이 曰 見善如渴하고 聞惡如聾하라

又曰 善事면 須貪하고 惡事는 莫樂하라.

글자풀이

見: 볼 견, 뵐 현
如: 같을 여, 만약 여
渴: 목마를 갈, 서두를 갈
聞: 들을 문, 맡을 문
聾: 귀머거리 롱, 귀먹을 롱
須: 모름지기 수, 반드시 수
貪: 탐할 탐, 탐 탐
莫: 없을 막, 말 막
樂: 즐길 락, 풍류 악, 좋아할 요

참고

□ 太公: 중국 周나라 때의 정치가. 성은 姜, 이름은 尙이며, 太公望이라고 불리기도 했다. 文王에게 기용되어 주나라 문물의 기틀을 잡고, 武王을 도와 殷나라의 폭군 紂임금을 멸하고 중국을 통일하는데 큰 공을 세웠다.

해석

태공이 말하기를, "착한 것을 보면 목마른 것같이 하고 악한 것을 듣거든 귀머거리같이 하라." 또 말하기를 "착한 일은 반드시 탐내고 악한 일은 즐기지 말라."라고 하였다.

쓰기

太	公	曰	見	善	如	渴	聞	惡	如	聾	又	曰	善	事	須	貪
惡	事	莫	樂													

5

馬援이 **曰 終身行善**이라도 **善猶不足**이요 **一日行惡**이라도 **惡自有餘**니라.

글자풀이

援: 당길 원, 구원할 원

行: 갈 행, 행할 행

猶: 망설일 유, 오히려 유

餘: 나머지 여, 남을 여

참고

□ 馬援(B.C.11~A.D.49): 중국 後漢 때의 명장. 자는 文淵이며, 伏波將軍에 임명되었다. 光武帝를 도와 티베트를 정벌하였고, 南方交趾의 난 등을 평정하였다.

□ 終身: 몸을 마치도록 즉 죽을 때까지.

해석

마원이 말하기를, "일생동안 선을 행하여도 선은 오히려 부족하고 하루동안 악을 행하여도 악은 스스로 남음이 있다."라고 하였다.

쓰기

馬	援	曰	終	身	行	善	善	猶	不	足	一	日	行	惡	惡	自
有	餘															

6

司馬溫公이 曰 積金以遺子孫이라도 未必子孫이 能盡守요
積書以遺子孫이라도 未必子孫이 能盡讀이니
不如積陰德於冥冥之中하여 以爲子孫之計也니라.

글자풀이

溫: 따뜻할 온, 익힐 온
積: 쌓을 적, 저축 자
遺: 남길 유, 끼칠 유, 버릴 유
未: 여덟째 지지미, 아닐 미
盡: 다할 진, 다 진, 가령 진
守: 지킬 수, 절개 수
讀: 읽을 독, 구두 두
於: 어조사 어(…에서)
冥: 어두울 명, 그윽할 명
計: 셀 계, 꾀 계

참고

- □ 司馬溫公(A.D.1019~1086): 중국 北宋시기의 정치가이자 학자로, 이름은 光, 字는 君實, 號는 迂夫, 諡號는 文正이며, 太師溫國公을 증직받은 바 있어 흔히 사마온공이라고 불리웠다. 神宗때 개혁파인 王安石 등의 新法에 반대하다가 실각하였으나, 哲宗때 복권된 후 舊法을 회복시켰다. 〈資治通鑑〉을 저술한 것으로도 유명하다.
- □ 未必: 반드시 … 하지는 않다.
- □ 不如: …하는 것 같지 않다, … 하느니만 못하다.
- □ 陰德: 남이 모르게 행하는 덕.
- □ 以爲: …로 하다(삼다), …로 여기다(생각하다).
- □ 子孫之計: 자손을 위한 원대한 계획(계책).

해석

사마온공이 말하기를, "돈을 많이 쌓아서 자손에게 물려주더라도 반드시 자손이 능히 다 지킬 수 있는 것이 아니고, 책을 모아서 자손에게 물려주더라도 반드시 자손이 다 읽을 수 있는 것이 아니니, 남들 모르는 사이에 음덕을 쌓아서 자손을 위한 계책으로 삼느니만 못하다."라고 하였다.

쓰기

司	馬	溫	公	曰	積	金	以	遺	子	孫	未	必	子	孫	能	盡
守	積	書	以	遺	子	孫	未	必	子	孫	能	盡	讀	不	如	積
陰	德	於	冥	冥	之	中	以	爲	子	孫	之	計	也			

7

景行錄에 曰 恩義를 廣施하라 人生何處不相逢이랴

讐怨을 莫結하라 路逢狹處면 難回避니라.

글자풀이

景: 볕 경, 클 경, 경치 경
錄: 적을 록, 나타낼 록
恩: 은혜 은, 사랑할 은
義: 의 의, 옳을 의, 뜻 의
廣: 넓을 광, 넓힐 광
施: 베풀 시, 전할 시, 옮을 이
何: 어찌 하, 무엇 하
處: 곳 처, 처할 처

相: 서로 상, 바탕 상
逢: 만날 봉, 맞을 봉
讐: 원수 수, 갚을 수
怨: 원망할 원, 원수 원
結: 맺을 결, 매듭 결
路: 길 로, 고달플 로
狹: 좁을 협, 좁아질 협
難: 어려울 난, 난리 난
回: 돌 회, 돌아올 회
避: 피할 피

참고

□ 景行錄: 경행록이란 고상한 행동의 기록을 의미하며, 중국 송나라 때의 책으로 전해진다.

해석

경행록에 이르기를, "은혜와 의리를 널리 베풀라. 인생이 어느 곳에서든 서로 만나지 아니하랴. 원수와 원한을 맺지 말라. 길이 좁은 곳에서 만나면 회피하기 어렵다."라고 하였다.

쓰기

景	行	錄	曰	恩	義	廣	施	人	生	何	處	不	相	逢	讐	怨
莫	結	路	逢	狹	處	難	回	避								

8

莊子曰 於我善者에게 我亦善之하고 於我惡者도 我亦善之니라
我旣於人에 無惡이면 人能於我에 無惡哉인저.

글자풀이

於: 어조사 어(…에게)
我: 나 아, 아집부릴 아
旣: 이미 기, 다할 기, 쌀 희
亦: 또한 역, 모두 역
能: 재능 능, 능할 능
哉: 비롯할 재, 어조사 재

해석

장자가 말하기를, "나에게 착하게 하는 자에게 나 또한 착하게 하고, 나에게 악하게 하는 자에게도 나 또한 착하게 한다. 내가 남에게 악하게 하지 아니하면 남도 나에게 악하게 할 수 없을 것이다."라고 하였다.

쓰기

莊	子	曰	於	我	善	者	我	亦	善	之	於	我	惡	者	我	亦
善	之	我	旣	於	人	無	惡	人	能	於	我	無	惡	哉		

9

東岳聖帝垂訓에 曰 一日行善이라도 福雖未至나
禍自遠矣요 一日行惡이라도 禍雖未至나 福自遠矣니
行善之人은 如春園之草하여 不見其長이나 日有所增하고
行惡之人은 如磨刀之石하여 不見其損이나 日有所虧니라.

글자풀이

嶽: 큰산 악, 장인 악
聖: 성스러울 성, 성인 성
帝: 하느님 제, 임금 제
垂: 늘어질 수, 드리울 수
訓: 가르칠 훈, 새길 훈
雖: 비록 수, 오직 수
至: 이를 지, 지극할 지
遠: 멀 원, 멀어질 원
園: 동산 원, 구역원, 능 원
長: 길 장, 어른 장, 자랄 장
增: 불을 증, 더할 증, 더욱 증
磨: 갈 마, 닳을 마, 고생할 마
刀: 칼 도, 거루 도
損: 덜 손, 잃을 손, 낮출 손
虧: 이지러질 휴, 덜 휴

참고

□ 東嶽聖帝: 道家에서 神으로 받드는 사람으로, 연대 및 성명은 未詳. 도가에서는 東嶽廟의 主神인 이 동악성제가 옥황상제를 대신하여 사람의 혼과 생명 그리고 죽은 사람의 刑戒를 관장한다고 한다.

해석

동악성제가 후세에 전하는 교훈에 이르기를, "하루 착한 일을 행하더라도 복은 비록 이르지 아니하나 화는 스스로 멀어지고, 하루 악한 일을 하더라도 화는 비록 이르지 아니하나 복은 스스로 멀어진다. 선을 행하는 사람은 봄 동산의 풀과 같아서 그 자라남이 보이지는 않으나 날마다 더하는 바 있으며, 악을 행하는 자는 칼을 가는 숫돌과 같아서 닳아 없어짐이 보이지는 않으나 날마다 이지러지는 바가 있다."라고 하였다.

쓰기

東	嶽	聖	帝	垂	訓	曰	一	日	行	善	福	雖	未	至	禍	自
遠	矣	一	日	行	惡	禍	雖	未	至	福	自	遠	矣	行	善	之

人	如	春	園	之	草	不	見	其	長	日	有	所	增	行	惡	之
人	如	磨	刀	之	石	不	見	其	損	日	有	所	所	虧		

10

子曰 見善如不及하고 見不善如探湯하라.

글자풀이

及: 미칠 급, 및 급

探: 더듬을 탐, 찾을 탐

湯: 끓인물 탕, 온천 탕

참고

□ 不及: 자신은 미치지 못하는 것으로, 즉 부족한 것으로 생각하라는 뜻.

□ 探湯: 끓는 물에 손을 댄 것처럼 생각해서 멀리하라는 뜻.

해석

공자가 말하기를, "착한 것을 보거든 미치지 못하는 것같이 하고 착하지 못한 것을 보거든 끓은 물을 더듬는 것처럼 하라."라고 하였다.

쓰기

子	曰	見	善	如	不	及	見	不	善	如	探	湯				

제 2 편

천명편(天命篇)

解題

천명이란 하늘이 부여한 명으로, 善과 正義를 행하는 것은 곧 천명을 순종하는 것이요, 惡과 不義를 행하는 것은 천명을 거역하는 것이다. 하늘에 죄를 얻으면 빌 곳이 없거늘 하늘이 부여한 운명에 순종해야만 하는 것이다.

1

子曰 順天者는 存하고 逆天者는 亡이니라.

글자풀이

順: 순할 순, 좇을 순, 차례 순

存: 있을 존, 보존할 존, 살필 존

逆: 거스를 역, 맞을 역, 미리 역

亡: 잃을 망, 죽을 망, 없을 망

해석

공자가 말하기를, "하늘을 순종하는 자는 살고, 하늘을 거역하는 자는 망한다."라고 하였다.

쓰기

子	曰	順	天	者	存	逆	天	者	亡							

2

康節邵先生이 曰 天聽이 寂無音하니 蒼蒼何處尋고 非高亦非遠이라 都只在人心이니라.

글자풀이

康: 편안할 강, 즐거울 강
節: 마디 절, 절개 절, 부신 절
邵: 고을이름 소, 성 소
聽: 들을 청, 기다릴 청
寂: 고요할 적, 편안할 적
音: 소리 음, 음 음, 소식 음
蒼: 푸를 창, 허둥지둥할 창
尋: 찾을 심, 물을 심, 보통 심
非: 아닐 비, 그를 비, 헐뜯을 비
都: 도읍 도, 거느릴 도, 모두 도
只: 다만 지, 말그칠 지
在: 있을 재, 찾을 재, 곳 재

참고

□ 康節 邵先生(A.D.1011~1077): 중국 宋나라 때의 儒學者. 성은 邵, 이름은 雍, 자는 堯夫이며, 康節은 諡號이다. 우주의 심오한 구조를 도식화한 數理學說(象數之學이라고도 함)을 세우고 이에 의해 우주자연의 원리를 설명하였다. 〈皇極經世〉·〈伊川擊壤集〉 등을 저술하였다.

□ 天聽: 하늘이 듣는 것

해석

강절 소선생이 말하기를, "하늘의 들으심이 고요하여 소리가 없으니, 푸르고 푸른 하늘 어느 곳에서 찾을 것인가? 높지도 않고 또한 멀지도 않다. 모두 단지 사람 마음에 있다."라고 하였다.

쓰기

康	節	邵	先	生	曰	天	聽	寂	無	音	蒼	蒼	何	處	尋	非
高	亦	非	遠	都	只	在	人	心								

3

玄帝垂訓에 曰 人間私語라도 天聽은 若雷하고
暗室欺心이라도 神目은 如電이라.

글자풀이

玄: 검을 현, 하늘 현, 오묘할 현
帝: 하느님 제, 임금 제
垂: 늘어질 수, 드리울 수
訓: 가르칠 훈, 이끌 훈, 새길 훈
間: 사이 간, 틈 간, 이간할 간
私: 사 사, 가족 사, 사사로이할 사
語: 말할 어, 말 어, 소리 어
雷: 천둥 뢰, 칠 뢰
暗: 어두울 암, 몰래 암, 외울 암
室: 집 실, 방 실
欺: 속일 기, 거짓 기, 깔볼 기
神: 귀신 신, 신선 신, 혼 신
如: 같을 여, 같이할 여, 만약 여
電: 번개 전, 번쩍일 전, 전기 전

해석

현제가 후세에 내리는 훈계에 이르기를, "인간의 사사로운 말도 하늘의 들으심은 천둥과 같고, 어두운 방에서 마음을 속일지라도 귀신의 눈은 번개와 같다."라고 하였다.

쓰기

玄	帝	垂	訓	曰	人	間	私	語	天	聽	若	雷	暗	室	欺	心
神	目	如	電													

4

益智書에 **云**하되 **惡鑵**이 **若滿**이면 **天必誅之**니라.

글자풀이

益: 더할 익, 이로울 익, 더욱 익
智: 슬기 지, 슬기로울 지
若: 좇을 약, 만약 약, 같을 약
鑵: 두레박 관
滿: 찰 만, 채울 만, 교만할 만
誅: 벨 주, 칠 주, 죄줄 주

참고

□ 益智書: 宋나라 때의 책.
□ 惡鑵: 악한 마음을 뜻함.

해석

익지서에 이르기를, "만일 악한 마음이 가득차면 하늘이 반드시 벌을 내린다."라고 하였다.

쓰기

益	智	書	云	惡	鑵	若	滿	天	必	誅	之					

5

莊子曰 若人이 作不善하여 得顯名者는 人雖不害나 天必戮之니라.

글자풀이

作: 지을 작, 일으킬 작
得: 얻을 득, 만족할 득, 이득 득
顯: 밝을 현, 나타날 현

雖: 비록 수, 오직 수
害: 해칠 해, 어찌 할
戮: 죽일 륙, 죄줄 륙, 합할 륙

해석

장자가 말하기를, "만약 사람이 착하지 않은 일을 하여서 이름을 나타낸 자는, 사람이 비록 해치지 않더라도 하늘이 반드시 죽인다."라고 하였다.

쓰기

莊	子	曰	若	人	作	不	善	得	顯	名	者	人	雖	不	害	天
必	戮	之														

6

種瓜得瓜요 種豆得豆니 天網이 恢恢하여 疏而不漏니라.

글자풀이

種: 씨 종, 심을 종, 종류 종
瓜: 오이 과
豆: 콩 두, 제기이름 두
網: 그물 망, 그물질할 망
恢: 넓을 회, 넓힐 회
疏: 멀어질 소, 드물 소
漏: 샐 루, 틈날 루, 빠뜨릴 루

해석

오이를 심으면 오이를 얻고 콩을 심으면 콩을 얻으니, 하늘의 그물은 넓고 넓어서 성기어도 새지 않는다.

쓰기

種	瓜	得	瓜	種	豆	得	豆	天	網	恢	恢	疏	而	不	漏	

7

子曰 獲罪於天이면 無所禱也니라.

글자풀이

獲: 얻을 획, 맞힐 획
罪: 허물 죄, 죄줄 죄
所: 바 소, 곳 소, 쯤 소
禱: 빌 도

해석

공자가 말하기를, "하늘에 죄를 얻으면 빌 곳이 없다."라고 하였다.

쓰기

子	曰	獲	罪	於	天	無	所	禱	也							

제 3 편

순명편(順命篇)

解題

전편에서 말한 바와 같이 하늘이 부여한 운명이 천명이며, 우리가 자기의 할 일을 다하고 이 천명을 순종하는 것이 곧 순명이라고 하겠다.

1

子曰 死生이 有命이요 富貴는 在天이라.

글자풀이

命: 목숨 명, 운수 명, 명할 명
富: 넉넉할 부, 부자 부
貴: 귀할 귀, 귀히여길 귀

해석

공자가 말하기를, "죽고 사는 것은 명에 달려 있고 부유하고 귀하게 되는 것은 하늘에 달려 있다."라고 하였다.

쓰기

子	曰	死	生	有	命	富	貴	在	天							

2

萬事分已定이어늘 浮生空自忙이니라.

글자풀이

萬: 일만 만, 춤이름 만
事: 일 사, 섬길 사
分: 나눌 분, 분수 분
已: 이미 이, 그칠 이
定: 정할 정, 꼭 정
浮: 뜰 부, 덧없을 부
空: 하늘 공, 빌 공, 헛되이 공
忙: 바쁠 망, 빠를 망

참고

□ 浮生: 부평초처럼 덧없는 인생, 즉 세상 사람들.

해석

모든 일은 분수가 이미 정해져 있는데, 세상 사람들은 부질없이 스스로 바쁘다.

쓰기

萬	事	分	已	定	浮	生	空	自	忙							

3

景行錄에 云하되 禍不可倖免이요 福不可再求니라.

글자풀이

禍: 재앙 화, 죄 화
可: 가히 가, 옳을 가, 허락할 가
倖: 다행 행, 요행 행
免: 벗어날 면, 면할 면, 놓을 면
再: 두번 재, 두번할 재
求: 구할 구, 빌 구, 탐낼 구

해석

경행록에 이르기를, "재앙은 요행으로 면할 수 없고, 복은 다시 구할 수 없다."라고 하였다.

쓰기

景	行	錄	云	禍	不	可	倖	免	福	不	可	再	求			

4

時來風送滕王閣이요 運退雷轟薦福碑라.

글자풀이

時: 때 시, 철 시, 때때로 시
送: 보낼 송, 전송 송

滕: 오를 등, 등나라 등
閣: 다락집 각, 대궐 각
運: 돌 운, 돌릴 운, 운 운
退: 물러날 퇴, 물리칠 퇴
雷: 천둥 뢰, 칠 뢰
轟: 울릴 굉, 떠들석할 굉
薦: 드릴 천, 천거할 천
碑: 비 비, 비문 비

참고

□ 滕王閣: 중국 南昌에 있는 누각. 唐나라 초기에 4대 시인으로 꼽히는 王勃(650~676)이 이 등왕각의 서문을 짓고서 하루아침에 문명을 떨치게 되었다고 한다. 그 고사를 간략히 살펴보면 다음과 같다. 당시 고관이었던 閻伯嶼가 남창에 등왕각을 짓고 9월 9일 落成宴을 열기로 했다. 이 때 14세이던 왕발은 700 여리나 떨어진 洞庭湖 근처에 살고 있었는데, 9월 7일 밤 꿈에 한 노인이 나타나 그에게 등왕각으로 가서 서문을 지으라고 했다. 꿈에서 깬 왕발은 하루에 700리를 가는 것이 불가능하다고 생각하면서 혹시나 하고 배에 올랐는데 마침 순풍이 불어 제시간에 도착했고, 결국 명문 〈등왕각서〉를 지을 수 있었다고 한다.

□ 薦福碑: 중국 薦福山에 있는 비석으로, 唐나라 때의 명필 歐陽詢이 지었다고 한다. 이 천복비에는 앞서의 등왕각과는 반대가 되는 내용의 일화가 전해진다. 宋나라 때 한 가난한 선비가 살고 있었다. 어느날 그는 한 사람으로부터 명필 구양순이 쓴 천복비의 비문을 拓本해다주면 후한 보수를 주겠다는 제의를 받고 천복산에 도착했는데, 그날 밤 벼락이 그 비석을 때려 산산조각이 되었다는 것이다.

해석

때가 옴에 바람이 (왕발을) 등왕각으로 보내고, 운이 물러감에 벼락이 천복비를 때렸다.

쓰기

時	來	風	送	滕	王	閣	運	退	雷	轟	薦	福	碑			

5

列子曰 癡聾痼瘂도 家豪富요 智慧聰明도 却受貧이라
年月日時該載定하니 算來由命不由人이라.

글자풀이

列: 벌일 렬, 여러 렬, 줄 렬
癡: 어리석을 치, 미칠 지
聾: 귀머거리 롱, 귀먹을 롱
痼: 고질 고
瘂: 벙어리 아
豪: 호저 호, 뛰어날 호
智: 슬기 지, 슬기로울 지
慧: 슬기로울 혜, 슬기 혜
聰: 귀밝을 총, 총명할 총
却: 물리칠 각, 도리어 각
受: 받을 수, 입을 수
貧: 가난할 빈, 모자랄 빈
該: 그 해, 갖출 해
載: 실을 재, 해 재
算: 셀 산, 산가지 산
由: 말미암을 유, 좇을 유

참고

□ 列子: 중국 戰國시대 魯나라의 사상가로 道家에 속함. 이름은 禦寇이고, 冲虛眞人 등으로 불리웠으며, 저서로 〈열자〉 8권이 전해진다.

해석

열자가 말하기를, "어리석고 귀먹고 고질이 있고 벙어리라도 집안은 큰 부자이고, 슬기롭고 총명하여도 도리어 가난하다. 해와 달과 날과 시각 이것은 정해져 있으니, 헤아려 보면 (부귀와 빈천은) 명에 말미암지 사람에 말미암지 않는다."라고 하였다.

쓰기

列	子	曰	癡	聾	痼	瘂	家	豪	富	智	慧	聰	明	却	受	貧
年	月	日	時	該	載	定	算	來	由	命	不	由	人			

제 4 편

효행편(孝行篇)

解題

유교사회에서 충(忠)과 더불어 가장 중시해온 덕목이 바로 효(孝)이며, 효행이란 부모님을 정성으로 섬기는 행실이라 하겠다. 우리를 낳고 길러 오늘날과 같은 훌륭한 모습으로 만들어 주신 부모님의 은혜에 감사드리고 나아가 조금이나마 보답하도록 노력해보자. 참고로 〈孝經〉 첫 장에 나오는 다음과 같은 구절을 되새겨 본다. "身體髮膚는 受之父母라 不敢毁傷이 孝之始也라 立身行道하야 揚名於後世하야 以顯父母가 孝之終也니라."

1

詩에 曰 父兮生我하시고 母兮鞠我하시니
哀哀父母여 生我劬勞셨다. 欲報深恩인데 昊天罔極이로다.

글자풀이

詩: 시 시, 시경 시
兮: 어조사 혜
鞠: 공 국, 기를 국, 굽힐 국
哀: 서러울 애, 슬퍼할 애
劬: 힘들일 구
昊: (여름) 하늘 호
罔: 그물 망, 없을 망
極: 끝 극, 다할 극, 극히 극

참고

□ 詩: 〈詩經〉을 말하는데, 시경은 중국에서 가장 오래된 周代의 詩歌總集으로, 원래 3천여 편이 채집되었던 것을 孔子가 305편으로 추려서 편찬했다는 설이 있다.

□ 兮: 어조사 혜. 語句의 사이에 끼우거나 어구의 끝에 붙여, 語氣가 일단 그쳤다가 다시 올라가는 것을 나타내는 助辭로 주로 詩賦에 쓰인다.

해석

시경에 이르기를, "아버지 나를 낳으시고 어머니 나를 기르시니, 애달프도다 부모님이시여 나를 낳아 기르시느라 애쓰고 수고하셨네. 깊으신 은혜를 갚고자 하면 넓은 하늘도 끝이 없도다."라고 하였다.

쓰기

詩	曰	父	兮	生	我	母	兮	鞠	我	哀	哀	父	母	生	我	劬
勞	欲	報	深	恩	昊	天	罔	極								

2

子曰 孝子之事親也는 居則致其敬하고 養則致其樂하고 病則致其憂하고 喪則致其哀하고 祭則致其嚴이니라.

글자풀이

孝: 효도 효, 효자 효
事: 일 사, 섬길 사
親: 친할 친, 어버이 친, 몸소 친
居: 살 거, (평상시) 있을 거
則: 법칙 칙, 곧 즉
致: 이를 치, 보낼 치, 다할 치
敬: 공경할 경, 삼갈 경
養: 기를 양, 봉양 양

憂: 근심 우, 병 우
喪: 망할 상, 잃을 상, 복 상
哀: 서러울 애, 슬퍼할 애
祭: 제사지낼 제, 제사 제
嚴: 엄할 엄, 굳셀 엄, 경계할 엄

참고

□ 之: 이 문장에서는 주어와 술어 사이에 쓰이는 관계사로 사용되었음.
□ 則: 위를 받아 아래에 접속하는 말로서, '…할 때에는', '…한 경우에는', '만일 그렇다면' 등의 뜻으로 쓰임.

해석

공자가 말하기를, "효자가 부모를 섬김은 기거하심에는 그 공경을 다하고, 봉양함에는 그 즐거움을 다하며, 병드심에는 그 슬픔을 다하고, 제사지냄에는 그 엄숙함을 다한다."라고 하였다.

쓰기

子	曰	孝	子	之	事	親	也	居	則	致	其	敬	養	則	致	其
樂	病	則	致	其	憂	喪	則	致	其	哀	祭	則	致	其	嚴	

3

子曰 父母在어시든 不遠遊하며 遊必有方이니라.

글자풀이

方: 모 방, 방위 방, 바야흐로 방(여기서는 方所 즉 정해진 장소의 뜻으로 쓰였음.)

遊: 놀 유, 유세할 유.

해석

공자가 말하기를, "부모가 계시거든 멀리 놀러가지 않으며 놀러감에는 반드시 정해진 장소가 있어야 한다."라고 하였다.

쓰기

子	曰	父	母	在	不	遠	遊	遊	必	有	方					

4

子曰 父命召어시든 唯而不諾하고 食在口則吐之니라.

글자풀이

命: 목숨 명, 운수 명, 명할 명

召: 부를 소, 부름 소

唯: 오직 유, 대답할 유

諾: 대답할 낙, 승낙할 낙

吐: 토할 토(토함, 뱉음)

참고

☐ 唯: 공손히 대답함.

☐ 諾: 천천히, 공손하지 않게 대답함.

해석

공자가 말하기를, "아버지께서 부르시거든 공손히 대답하고 머뭇거리지 말며, 음식이 입에 있으면 이를 뱉어야한다."라고 하였다.

쓰기

子	曰	父	命	召	唯	而	不	諾	食	在	口	則	吐	之		

5

太公이 曰 孝於親이면 子亦孝之하나니 身旣不孝면 子何孝焉이리오.

글자풀이

於: 어조사 어(…에게)
旣: 이미 기, 다할 기, 쌀 희
焉: 어찌 언, 이 언, 어조사 언

해석

태공이 말하기를, "(내가) 부모님께 효도하면 자식이 또한 (내게) 효도하나니, 자신이 이미 불효했으면 자식이 어찌 효도하리오?"라고 하였다.

쓰기

太	公	曰	孝	於	親	子	亦	孝	之	身	旣	不	孝	子	何	孝

焉																

6

孝順은 還生孝順子요 忤逆은 還生忤逆子하나니

不信커든 但看簷頭水하라 點點滴滴不差移니라.

글자풀이

順: 순할 순, 좇을 순, 차례 순
還: 돌아올 환, 다시 환, 이후 환
忤: 거스를 오, 섞일 오
逆: 거스를 역, 맞을 역
但: 다만 단, 거짓 탄
簷: 처마 첨, 드림 첨
頭: 머리 두, 끝 두.
點: 점 점, 물방울 점, 점찍을 점.
滴: 물방울 적, 물방울 떨어질 적.
差: 어긋날 차, 사신갈 차.
移: 옮길 이, 전할 이.

해석

효도하고 순종하는 사람은 다시 효도하고 순종하는 자식을 낳으며 거스르고 불효하는 사람은 다시 거스르고 불효하는 자식을 낳나니, 믿지 못하게거든 단지 처마 끝의 낙수(落水)를 보라. 방울방울 떨어짐이 어긋나거나 자리를 옮기지 않는다.

쓰기

孝	順	還	生	孝	順	子	忤	逆	還	生	忤	逆	子	不	信	但

看	簷	頭	水	點	點	滴	滴	不	差	移						

제5편

정기편(正己篇)

解題

정기란 자기의 몸 즉 자기 자신을 바르게 한다는 뜻으로, 〈大學〉에서 말하는 '修身, 齊家, 治國, 平天下' 중의 先務인 수신 즉 자기를 수양함과 같은 뜻이다. 오늘날에도 가정이나 사회생활에 있어서 다른 사람을 바르게 하기 이전에 자기의 생각과 행동을 바르게 하는 것이 중요한 만큼 가슴 깊이 새겨봐야 할 문장들이다.

1

性理書에 云하되 見人之善而尋己之善하고
見人之惡而尋己之惡이니 如此면 方是有益이니라.

글자풀이

性: 성품 성, 성질 성
理: 다스릴 리, 이치 리
云: 이를 운, 어조사 운
尋: 찾을 심, 물을 심, 보통 심
方: 모질 방, 바야흐로 방

참고

□ 性理書: 성리학은 중국 宋나라 때 성행한 儒學의 한 계통으로 인간의 심성과 우주의 원리를 연구하는 학문이며, 대표적 학자로는 周濂溪·張橫渠·程頤·朱熹 등이 있다. 성리서는 그러한 내용을 담은 책을 가리킨다.

해석

성리서에 이르기를, "남의 선을 보고 나의 선을 찾고, 남의 악을 보고 나의 악을 찾을 것이니, 이와 같으면 바야흐로 보탬이 있을 것이라."라고 하였다.

쓰기

性	理	書	云	見	人	之	善	而	尋	己	之	善	見	人	之	惡
而	尋	己	之	惡	如	此	方	是	有	益						

2

景行錄에 云하되 大丈夫는 當容人이언정 無爲人所容이니라.

글자풀이

丈: 장 장(열 자), 어른 장

夫: 지아비 부, 대저 부

當: 당할 당, 마땅할 당, 맞을 당

容: 얼굴 용, 용서할 용

참고

□ 爲…所…: …에게(에 의해) …받다(당하다).

해석

경행록에 이르기를, "대장부는 마땅히 남을 용서할지언정 남에게 용서받지는 말지니라."라고 하였다.

쓰기

景	行	錄	云	大	丈	夫	當	容	人	無	爲	人	所	容		

3

太公이 曰 勿以貴己而賤人하고 勿以自大而蔑小하고 勿以恃勇而輕敵하라.

글자풀이

勿: 없을 물, 말 물
以: 써 이(…함으로써)
貴: 귀할 귀, 귀히여길 귀
賤: 천할 천, 천히여길 천
蔑: 어두울 멸, 업신여길 멸
恃: 믿을 시, 어미 시
勇: 날랠 용, 용감할 용, 용사 용
輕: 가벼울 경, 가벼이여길 경
敵: 원수 적, 적 적, 필적할 적

해석

태공이 말하기를, "자기를 귀하게 여김으로써 남을 천히 여기지 말고, 스스로 크게 여김으로써 남의 작음을 업신여기지 말며, 용맹을 믿음으로써 적을 가벼이 여기지 말라."라고 하였다.

쓰기

太	公	曰	勿	以	貴	己	而	賤	人	勿	以	自	大	而	蔑	小

勿	以	恃	勇	而	輕	敵										

4

馬援이 曰 聞人之過失이어든 如聞父母之名하여 耳可得聞이언정 口不可言也니라.

글자풀이

聞: 들을 문, 맡을 문, 알릴 문
過: 지날 과, 허물 과
失: 잃을 실, 허물 실, 놓을 일
可: 옳을 가, 가히 가, 쯤 가
得: 얻을 득, 만족할 득, 이득 득

해석

나원이 말하기를, "남의 허물을 듣거든 부모의 이름을 듣는 것 같이 하여 귀로는 가히 들을지언정 입으로는 말하지 말아야 한다."라고 하였다.

쓰기

馬	援	曰	聞	人	之	過	失	如	聞	父	母	之	名	耳	可	得
聞	口	不	可	言	也											

5

康節邵先生이 曰 聞人之謗이라도 未嘗怒하며
聞人之譽라도 未嘗喜하며 聞人之惡이라도 未嘗和하며
聞人之善이면 則就而和之하고 又從而喜之니라
其詩에 曰 樂見善人하며 樂聞善事하며 樂道善言하며
樂行善意하고 聞人之惡이어든 如負芒刺하고
聞人之善이어든 如佩蘭蕙니라.

글자풀이

謗: 헐뜯을 방
未: 여덟째지지 미, 아닐 미
嘗: 맛볼 상, 일찍 상
怒: 성낼 노, 세찰 노
和: 온화할 화, 화목할 화
就: 나갈 취, 이룰 취
譽: 명예 예, 기릴 예
從: 좇을 종,부터 종
道: 길도, 말할 도
負: 질부, 저버릴 부
芒: 까끄라기 망, 가시 망
刺: 찌를 자, 가시 자
佩: 노리개 패, 두를 패
蘭: 난초 란
蕙: 훈초 혜

참고

□ 未嘗: 일찍이 … 하지 않음.
□ 蘭蕙: 모두 향기가 좋은 풀임.

해석

강절 소선생이 말하기를, "남의 헐뜯음을 듣더라도 성내지 않고 남의 칭찬을 듣더라도 기뻐하지 않으며, 남의 악함을 듣더라도 화답하지 않고 남의 선함을 듣거든 곧 나아가서 화답하고 또 따라서 기뻐한다."라고 하였다. 그 시에 이르기를, "착한 사람 보기를 즐겨하고 착한 일 듣기를 좋아하고 착한 말 하기를 좋아하고 착한 뜻 행하기를 즐겨하며, 남의 악함을 듣거든 가시를 몸에 진 것 같이하고 남의 선함을 듣거든 난초와 훈초를 지닌 것 같이 하라."라고 하였다.

쓰기

康	節	邵	先	生	曰	聞	人	之	謗	未	嘗	怒	聞	人	之	譽
未	嘗	喜	聞	人	之	惡	未	嘗	和	聞	人	之	善	則	就	而
和	之	又	從	而	喜	之	其	詩	曰	樂	見	善	人	樂	聞	善
事	樂	道	善	言	樂	行	善	意	聞	人	之	惡	如	負	芒	刺
聞	人	之	善	如	佩	蘭	蕙									

6

道吾善者는 是吾賊이요 道吾惡者는 是吾師니라.

글자풀이

吾: 나 오, 우리 오
是: 이 시, 옳을 시,
賊: 도둑 적, 해칠 적
師: 스승 사, 군사 사

해석

나를 착하다고 말하는 자는 나의 도둑이요, 나를 나쁘다고 말하는 자는 나의 스승이다.

쓰기

道	吾	善	者	是	吾	賊	道	吾	惡	者	是	吾	師			

7

太公이 曰 勤爲無價之寶요 愼是護身之符니라.

글자풀이

勤: 부지런할 근, 힘쓸 근
爲: 할 위, 될 위, 위할 위
價: 값 가
愼: 삼갈 신, 삼감 신, 삼가 신
護: 도울 호, 지킬 호, 통솔할 호
符: 부신 부, 맞을 부

해석

태공이 말하기를, "부지런함은 값 없는 보배이고, 삼감은 몸을 보호하는 부적이다."라고 하였다.

쓰기

太	公	曰	勤	爲	無	價	之	寶	愼	是	護	身	之	符		

8

景行錄에 曰 保生者는 寡慾하고 保身者는 避名이니
無慾은 易하나 無名은 難이니라.

글자풀이

保: 보전할 보, 지킬 보
寡: 적을 과, 홀어미 과
慾: 욕심 욕, 탐낼 욕
避: 피할 피

名: 이름 명, 이름부를 명
易: 쉬울이, 바꿀역
難: 어려울 난, 난리 난

해석

경행록에 이르기를, "삶을 보존하려는 자는 욕심을 적게 하고 몸을 지키려는 자는 명성을 피하니, 욕심을 없게 하기는 쉬우나 명성을 없게 하기는 어렵다."라고 하였다.

쓰기

景	行	錄	曰	保	生	者	寡	慾	保	身	者	避	名	無	慾	易

無	名	難														

9

子曰 君子는 有三戒하니 少之時에는 血氣未定이라
戒之在色하고 及其壯也하여는 血氣方剛이라 戒之在鬪하고
及其老也하여는 血氣旣衰라 戒之在得이니라.

글자풀이

君: 임금 군, 남편 군
戒: 경계할 계.
血: 피 혈, 피칠할 혈.
氣: 기운 기, 공기 기
定: 정할 정, 꼭 정.
色: 빛 색, 색 색
及: 미칠 급, 및 급.
壯: 씩씩할 장, 왕성할 장
剛: 굳셀 강, 억셀 강.
鬪: 싸움 투, 싸울 투.
衰: 쇠할 쇠, 줄 최.

참고

□ 君子: 心性이 어질고 德行이 높은 사람. 남의 師表가 될 만한 사람.

해석

공자가 말하기를, "군자는 세 가지 경계할 것이 있나니, 어릴 때에는 혈기가 아직 정해지지 않았으니 경계할 것이 색에 있고, 장성함에 이르러서는 혈기가 바야흐로 강성한지라 경계할 것이 다툼에 있으며, 늙음에 이르러서는 혈기가 이미 쇠한지라 경계할 것이 탐내어 얻으려함에 있다."라고 하였다.

쓰기

子	曰	君	子	有	三	戒	少	之	時	血	氣	未	定	戒	之	在
色	及	其	壯	也	血	氣	方	剛	戒	之	在	鬪	及	其	老	也
血	氣	旣	衰	戒	之	在	得									

10

孫眞人養生銘에 云하되 怒甚偏傷氣요 思多太損神이라
神疲心易役하고 氣弱病相因이라 勿使悲歡極하고
當令飮食均하며 再三防夜醉하고 第一戒晨嗔하라.

글자풀이

眞: 참 진, 참으로 진
養: 기를 양, 다스릴 양
銘: 새길 명, 명명
甚: 심할 심, 무엇 심
偏: 기울 편, 치우칠 편, 무리 편
傷: 다칠 상, 해칠 상
損: 덜 손, 잃을 손
神: 귀신 신, 혼 신
疲: 피할 피
役: 수자리 역, 일 역
弱: 약할 약, 쇠약 약
病: 병 병, 앓을 병
因: 인할 인, 겹칠 인
使: 부릴 사, 하여금 사
悲: 슬퍼할 비, 자비 비
歡: 기뻐할 환, 기쁨 환
極: 극처 극, 극진할 극
當: 당할 당, 마땅할 당

令: 하여금 령, 영 령
飮: 마실 음, 마실것 음
食: 밥 식, 먹을 사
均: 고를 균, 평평할 균
防: 막을 방, 둑 방
醉: 취할 취, 취하게할 취
晨: 새벽 신, 새벽알릴 신
嗔: 성낼 진, 성할 전

참고

□ 孫眞人: 道家에 속하는 사람으로 이름과 연대는 未詳. 孫은 성이고, 眞人은 道敎의 깊은 진리를 깨달은 사람이라는 뜻으로 道士의 최고급 칭호이다.

□ 養生銘: 양생이란 몸과 마음을 건강하게 기르는 일 즉 수양을 쌓아 오래 살기를 꾀하는 일을 말하며, 양생명이란 곧 양생하는 계율과 방법을 적은 글을 말한다.

해석

손진인의 양생명에 이르기를, "성냄이 심하면 외곬으로 치우쳐 기운을 상하고, 생각이 많으면 정신을 크게 손상시킨다. 정신이 피곤하면 마음이 수고롭기 쉽고 기운이 약하면 병이 서로 겹쳐서 일어난다. 슬픔과 기쁨을 극도로 되게 하지 말고, 응당 음식을 고르게 하며, 밤에 술 취하는 것을 재삼 막고, 첫째로 새벽에 성내는 것을 경계하라."라고 하였다.

쓰기

孫	眞	人	養	生	銘	云	怒	甚	偏	傷	氣	思	多	太	損	神
神	疲	心	易	役	氣	弱	病	相	因	勿	使	悲	歡	極	當	令
飮	食	均	再	三	防	夜	醉	第	一	戒	晨	嗔				

11

景行錄에 曰 食淡精神爽이요 心淸夢寐安이니라.

글자풀이

淡: 엷을 담, 담박할 담
精: 찧을 정, 마음 정
爽: 밝을 상, 시원할 상
淸: 맑을 청, 깨끗할 청
夢: 꿈 몽, 흐리멍텅할 몽
寐: 잘 매, 죽을 매
安: 편안할 안, 안존할 안

해석

경행록에 이르기를, "음식이 담박하면 정신이 상쾌해지고, 마음이 맑으면 잠도 편안하다." 라고 하였다.

쓰기

景	行	錄	曰	食	淡	精	神	爽	心	淸	夢	寐	安			

12

定心應物하면 雖不讀書라도 可以爲有德君子니라.

글자풀이

足: 발 족, 족할 족
應: 응당 응, 당할 응, 응할 응
物: 만물 물, 물건 물

해석

마음을 안정하여서 사물에 대응한다면 비록 책을 읽지 않았더라도 덕이 있는 군자가 될 수 있다.

쓰기

定	心	應	物	雖	不	讀	書	可	以	爲	有	德	君	子		

13

近思錄에 云하되 懲忿을 如救火(故人)하고 窒慾을 如防水하라.

글자풀이

近: 가까울 근, 요사이 근
思: 생각할 사, 생각 사
錄: 적을 록, 나타낼 록
忿: 성낼 분, 분 분
窒: 막을 질, 머물 질
懲: 징계할 징, 징계 징

참고

□ 近思錄: 진리에 가까운 깊은 생각을 기록한 책이라는 뜻으로, 중국 宋나라 때 性理學者인

朱子와 그의 제자 呂祖謙이 교양과 처세 및 양생에 도움이 되는 학자들의 金言을 모아 엮은 책이다.

해석

근사록에 이르기를, "분한 마음을 징계하기를 불끄듯이(옛 사람 같이) 하고, 욕심 막기를 물막듯이 하라."라고 하였다.

쓰기

近	思	錄	云	懲	忿	如	救	火	窒	慾	如	防	水			

14

夷堅志에 云하되 避色을 如避讐하고 避風을 如避箭하며 莫喫空心茶하고 少食中夜飯하라.

글자풀이

夷: 오랑캐 이, 평평할 이
堅: 굳을 견, 굳게 견
志: 뜻 지, 기록 지
避: 피할 피
色: 빛 색, 색 색
讐: 원수 수, 갚을 수
如: 같을 여, 만약 여
箭: 살 전, 이대 전
莫: 말 막, 없을 막
喫: 먹을 끽, 마실 끽
空: 하늘 공, 빌 공
茶: 차 다, 차나무 다
飯: 밥 반, 먹을 반

참고

□ 夷堅志: 중국 宋나라 때 洪邁가 엮은 說話集으로, 송나라 때 민간에서 일어난 이상한 사건이나 괴담 등이 수록되었으며 당시 사회·문화·인정 등에 관한 자료가 풍부하다.

□ 空心: 빈 속

□ 中夜: 밤중

해석

이견지에 이르기를, "여색 피하기를 원수 피하듯이 하고 바람 피하기를 화살 피하듯이 하며, 빈 속에 차를 마시지 말고 밤중에는 밥을 적게 먹으라."라고 하였다.

쓰기

夷	堅	志	云	避	色	如	避	讐	避	風	如	避	箭	莫	喫	空
心	茶	少	食	中	夜	飯										

15

荀子曰 無用之辯과 不急之察을 棄而勿治하라.

글자풀이

荀: 풀이름 순, 성 순

用: 쓸 용, 쓰일 용

辯: 가릴 변, 말씀 변

急: 급할 급, 서두를 급

察: 살필 찰, 드러날 찰

棄: 버릴 기, 폐할 기

勿: 없을 물, 말 물

治: 다스릴 치, 익힐 치

참고

□ 荀子: 중국 戰國시대 말기 趙나라의 儒學者. 이름은 況이며, 荀卿 또는 孫卿으로도 불리웠다. 孟子의 性善說과 상대적으로 性惡說을 주장하였고, 法家인 韓非子 · 李斯 등이 그의 門人이며, 〈荀子〉를 저술하였다.

해석

순자가 말하기를, "쓸데없는 말과 급하지 않은 일은 버리고 다스리지 말라."라고 하였다.

쓰기

荀	子	曰	無	用	之	辯	不	急	之	察	棄	而	勿	治		

16

子曰 衆이 好之라도 必察焉하며 衆이 惡之라도 必察焉이니라.

글자풀이

衆: 무리 중, 많을 중

焉: 어찌 언, 이 언

惡: 미워할 오, 악할 악

해석

공자가 말하기를, "많은 시람들이 좋아하더라도 반드시 살피고 모두가 싫어하더라도 반드시 살펴야 한다."라고 하였다.

쓰기

子	曰	衆	好	之	必	察	焉	衆	惡	之	必	察	焉			

17

酒中不語는 眞君子요 財上分明은 大丈夫니라.

글자풀이

酒: 술 주, 잔치 주

語: 말할 어, 말 어, 소리 어

財: 재물 재, 재화 재

分: 나눌 분, 분명할 분, 몫 분

해석

술 취한 가운데 말이 없음은 참다운 군자요, 재물면에서 분명함은 대장부이다.

쓰기

酒	中	不	語	眞	君	子	財	上	分	明	大	丈	夫			

18

萬事從寬이면 其福自厚니라.

글자풀이

萬: 일만 만, 춤이름 만
事: 일 사, 섬길 사
從: 좇을 종, 부터 종
寬: 너그러울 관, 넓을 관
厚: 두터울 후, 두께 후

해석

모든 일을 너그러움을 좇아 하면 그 복이 저절로 두터워진다.

쓰기

萬	事	從	寬	其	福	自	厚									

19

太公이 曰 欲量他人이면 先須自量하라

傷人之語는 還是自傷이니 含血噴人이면 先汚其口니라.

글자풀이

欲: 하고자할 욕, 바랄 욕
量: 양 량, 헤아릴 량
先: 먼저 선, 앞 선
須: 모름지기 수, 반드시 수
還: 돌아올 환, 도리어 환
含: 머금을 함, 넣을 함
噴: 뿜을 분, 꾸짖을 분
汚: 더러울 오, 괸물 오

해석

태공이 말하기를, "다른 사람을 헤아리고자 하면 먼저 모름지기 자신을 헤아리라. 남을 해치는 말은 도리어 곧 스스로를 해치는 것이니 피를 머금고 남에게 뿜으면 먼저 자기 입이 더러워진다."라고 하였다.

쓰기

太	公	曰	欲	量	他	人	先	須	自	量	傷	人	之	語	還	是
自	傷	含	血	噴	人	先	汚	其	口							

20

凡戲는 無益이요 惟勤이 有功이니라.

글자풀이

凡: 대강 범, 무릇 범
戲: 놀이 희, 희롱할 희
惟: 오직 유, 생각할 유
勤: 부지런히할 근, 힘쓸 근
功: 공 공, 보람 공, 일 공

해석

무릇 놀이는 유익함이 없고 오직 부지런함만이 보람이 있다.

쓰기

凡	戱	無	益	惟	勤	有	功									

21

太公이 曰 瓜田에 不納履하고 李下에 不正冠이니라.

글자풀이

瓜: 오이 과
李: 오얏(나무) 리, 성 리
納: 들일 납, 바칠 납
履: 밟을 리, 신 리
冠: 갓 관, 으뜸 관

해석

태공이 말하기를, "(남의) 오이밭에서는 신을 고쳐 신지 말고 오얏나무 아래에서는 삿을 고쳐쓰지 말라."라고 하였다.

쓰기

太	公	曰	瓜	田	不	納	履	李	下	不	正	冠				

22

景行錄에 曰 心可逸이언정 形不可不勞요
道可樂이언정 心不可不憂니 形不勞則怠惰易弊하고
心不憂則荒淫不定故로 逸生於勞而常休하고
樂生於憂而無厭하고 逸樂者는 憂勞를 豈可忘乎아.

글자풀이

逸: 편안 일, 잃을 일
形: 얼굴 형, 형상 형
勞: 힘쓸 노
憂: 근심 우, 병 우
怠: 게으를 태, 업신여길 태
惰: 게으를 타, 게으름 타
弊: 해칠 폐, 곤할 폐
荒: 거칠 황, 흉년들 황
淫: 음탕할 음, 담글 음
常: 항상 상, 범상 상
休: 쉴휴, 아름다울 휴
厭: 싫어할 염, 물릴 염
豈: 어찌 기, 그 기
忘: 잊을 망, 건망증 망
乎: 어조사 호, 그런가 호

참고

□ 不可不: …하지 않을 수 없다, …해야만 한다.
□ 形: 神 즉 정신의 상대적 개념인 육신을 뜻함.
□ 逸樂者: 마음을 편히 하고 道를 즐기는 사람 즉 안빈낙도하는 사람.

해석

경행록에 이르기를, "마음은 편안해도 되지만 몸은 수고롭지 않아서는 안되고, 도는 즐겨도

되지만 마음은 근심하지 않아서는 안된다. 몸은 수고롭지 않으면 게을러서 허물어지기 쉽고, 마음은 근심하지 않으면 거칠고 음탕하게 되어 안정되지 않는다. 그러므로 (마음의) 편안함은 (몸의) 수고로운 데서 생겨 늘 안정되고, (도를) 즐김은 (마음의) 근심하는 데서 생겨야 싫증나지 않으니, (마음이) 편안하고 (도를) 즐기는 자는 근심과 수고로움을 어찌 가히 잊겠는가!"라고 하였다.

쓰기

景	行	錄	曰	心	可	逸	形	不	可	不	勞	道	可	樂	心	不
可	不	憂	形	不	勞	則	怠	惰	易	弊	心	不	憂	則	荒	淫
不	定	故	逸	生	於	勞	而	常	休	樂	生	於	憂	而	無	厭
逸	樂	者	憂	勞	豈	可	忘	乎								

23

耳不聞人之非하고 目不視人之短하고 口不言人之過라야 庶幾君子니라.

글자풀이

耳: 귀 이, 뿐 이, 어조사 이

非: 아닐 비, 그를 비

視: 볼 시, 견줄 시

短: 짧을 단, 흉 단

過: 허물 과, 지날 과
庶: 뭇 서, 거의 서
幾: 몇 기, 거의 기, 가까울 기

해석

귀로는 남의 그릇됨을 듣지 않고 눈으로는 남의 단점을 보지 않으며 입으로는 남의 허물을 말하지 않아야 거의 군자에 가깝다.

쓰기

耳	不	聞	人	之	非	目	不	視	人	之	短	口	不	言	人	之
過	庶	幾	君	子												

24

蔡伯喈曰 喜怒는 在心하고 言出於口하나니 不可不愼이니라.

글자풀이

蔡: 풀 채, 성 채
伯: 맏 백, 큰아버지 백
喈: 새소리 개, 종소리 개
喜: 기쁠 희, 좋아할 희
言: 말씀 언, 말할 언
出: 날 출, 뛰어날 출
於: 어조사 어(…에서, 로부터)
愼: 삼갈 신, 진실로 신

참고

□ 蔡伯喈: 중국 後漢 靈帝 때의 학자. 이름은 邕, 자가 伯喈.

해석

채백개가 말하기를, "기쁨과 성냄은 마음에 있고, 말은 입으로부터 나오니 가히 삼가하지 않을 수 없다."라고 하였다.

쓰기

蔡	伯	喈	曰	喜	怒	在	心	言	出	於	口	不	可	不	愼	

25

宰予晝寢하니 子曰 朽木은 不可雕也요 糞土之牆은 不可圬也니라.

글자풀이

宰: 재상 재, 다스릴 재
予: 나 여, 줄 여
晝: 낮 주
寢: 잘 침, 누울 침
朽: 썩을 후, 썩은냄새 후
雕: 새길 조, 시들 조
糞: 똥 분, 더러울 분
牆: 담 장, 경계 장
圬: 흙손 오, 흙질할 오

참고

□ 宰予: 공자의 제자. 春秋시대 魯나라 사람이며, 자는 子我 또는 宰我.

해석

재여가 낮잠을 자거늘 공자가 말하기를, "썩은 나무는 조각할 수 없고 썩은 흙으로 된 담은 흙손질 할 수 없다."라고 하였다.

쓰기

宰	予	晝	寢	子	曰	朽	木	不	可	雕	也	糞	土	之	墻	不
可	圬	也														

26

紫虛元君誠諭心文에 曰 福生於淸儉하고 德生於卑退하고 道生於安靜하고 命生於和暢하고 憂生於多慾하고 禍生於多貪하고 過生於輕慢하고 罪生於不仁이니라 戒眼莫看他非하고 戒口莫談他短하고 戒心莫自貪嗔하고 戒身莫隨惡伴하라 無益之言을 莫妄說하고 不干己事를 莫妄爲하라 尊君王孝父母하고 敬尊長奉有德하고

別賢憂恕無識하라 物順來而勿拒하며 物旣去而勿追하고
身未遇而勿望하고 事已過而勿思하라 聰明도 多暗昧요
算計도 失便宜니라 損人終自失이요 依勢禍相隨라
戒之在心하고 守之在氣라 爲不節而亡家하고
因不廉而失位니라 勸君自警於平生하나니 可歎可警而可畏니라
上臨之以天鑑하고 下察之以地祇라 明有三法相繼하고
暗有鬼神相隨라 惟正可守요 心不可欺니 戒之戒之하라.

글자풀이

紫: 자주빛 자, 제왕신선의집빛 자
虛: 빌 허, 구멍 허
誠: 정성 성, 참으로 성
諭: 깨우칠 유, 깨닫을 유
儉: 검소할 검, 넉넉못할 검
德: 덕 덕, 복 덕
卑: 낮을 비, 낮출 비
退: 물러날 퇴, 물리칠 퇴
靜: 조용할 정, 깨끗할 정
暢: 화창할 창, 통할 창
貪: 탐낼 탐, 탐 탐
輕: 가벼울 경, 가벼이 여길 경
慢: 게으를 만, 거만할 만
戒: 경계할 계, 재계할 계
眼: 눈 안, 볼 안

談: 이야기 담, 이야기할 담
嗔: 성낼 진, 정할 전
隨: 따를 수, 따라서 수
伴: 짝 반, 모실 반
妄: 허망할 망, 거짓 망
干: 방패 간, 범할 간, 구할 간
尊: 높을 존, 높일 존
敬: 공경 경, 삼갈 경
別: 다를 별, 나눌 별
恕: 어질 서, 용서할 서
識: 알 식, 적을 지
奉: 받들 봉, 바칠 봉
賢: 어질 현, 어진이 현
拒: 막을 거, 겨룰 거
追: 쫓을 추, 뒤따라 추

望: 바라볼 망, 소망 망
遇: 만날 우, 대접할 우
聰: 밝을 총
暗: 어두울 암, 몰래 암
昧: 어두울 매, 어둑새벽 매
算: 수 산, 셀 산
計: 셀 계, 꾀할 계
失: 잃을 실, 허물 실
便: 편할 편, 곧 변
宜: 옳을 의, 마땅할 의
依: 의지할 의, 좇을 의
勢: 세력 세, 기세 세
守: 지킬 수, 절개 수
節: 마디 절, 절개 절
廉: 청렴할 렴, 쌀 렴
位: 벼슬 위, 자리 위
勸: 권할 권, 인도할 권
警: 경계할 경, 놀랄 경
歎: 한숨쉴 탄, 칭찬할 탄
畏: 두려워할 외
臨: 임할 림, 병거 림
鑑: 거울 감, 볼 감
察: 살필 찰, 드러날 찰
祇: 땅귀신 기, 편안할 기
繼: 이을 계, 맬 계
欺: 속일 기, 거짓 기

참고

□ 紫虛元君: 道家에 속하는 사람으로 이름과 연대는 未詳.
□ 誠諭心文: 정성껏 마음을 깨우치는 글.
□ 卑退: 자기 몸을 낮추고 물러나다. 즉 겸손하여 낮춤.
□ 天鑑: 하늘이 내려다보심.
□ 三法: 세 가지(여러 가지) 법률.

해석

자허원군의 성유심문에 이르기를, "복은 맑고 검소한데서 생기고, 덕은 몸을 낮추고 겸손한데서 생기고, 도는 편안하고 고요한데서 생기고, 생명은 화창한데서 생기고, 근심은 많이 욕심내는데서 생기고, 재앙은 많이 탐내는데서 생기고, 허물은 경솔하고 교만한데서 생기고, 죄는 어질지 못한데서 생긴다. 눈을 경계하여 다른 사람의 잘못을 보지 말고 입을 경계하여 다른 사람의 단점을 말하지 말고 마음을 경계하여 스스로 탐내고 성내지 말며 몸을 경계하여 나쁜 벗을 따르지 말라. 무익한 말을 망녕되이 하지 말고 자기에게 무관한 일은 망녕되이 하지 말라. 임금을 높이고 부모에 효도하며 어른을 공경하고 덕이 있는 이를 받들고 현명한 이와 어리석은 이를 분별하고 무식한 이를 용서하라. 물건이 순리로 오거든 물리치지 말고 사물이 이미 지나갔거든 좇지 말며 일신이 때를 만나지 못했더라도 바라지 말며 일이 이미 지났거든 생각하지 말라. 총명한 이도 어둡고 어리석은 때가 많고 계획을 잘 세우는 이도 편의를 잃는 수가 있다. 남을 해치면 결국은 스스로 잃고 세력에 의존하면 재앙이 서로 따른다. 경계할 것은 마음에 있고 지킬 것은 기질에 있다. 절약하지 않으면 집을 망치고 청렴하지 않음으로 인해 지위를 잃는다. 그대에게 권하여 평생 스스로 경계하도록 하니, 가히 탄식하고 가히 놀라고 가히 두려워하라. 위엔 하늘이 내려다보심이 임하여 있고 아래는 땅의 신령이 살피고 있다. 밝은 곳에는 세 가지 법이 이어져 있고 어두운 곳에는 귀신이 서로 따른다. 오직 바른 것을 지키고 마음을 속이지 말 것이니, 경계하고 경계하라."라고 하였다.

쓰기

紫	虛	元	君	誠	諭	心	文	曰	福	生	於	淸	儉	德	生	於
卑	退	道	生	於	安	靜	命	生	於	和	暢	憂	生	於	多	慾
禍	生	於	多	貪	過	生	於	輕	慢	罪	生	於	不	仁	戒	眼
莫	看	他	非	戒	口	莫	談	他	短	戒	心	莫	自	貪	嗔	戒
身	莫	隨	惡	伴	無	益	之	言	莫	妄	說	不	干	己	事	莫
妄	爲	尊	君	王	孝	父	母	敬	尊	長	奉	有	德	別	賢	憂
恕	無	識	物	順	來	而	勿	拒	物	旣	去	而	勿	追	身	未

遇	而	勿	望	事	已	過	而	勿	思	聰	明	多	暗	昧	算	計
失	便	宜	損	人	終	自	失	依	勢	禍	相	隨	戒	之	在	心
守	之	在	氣	爲	不	節	而	亡	家	因	不	廉	而	失	位	勸
君	自	警	於	平	生	可	歎	可	警	而	可	畏	上	臨	之	以
天	鑑	下	察	之	以	地	祇	明	有	三	法	相	繼	暗	有	鬼
神	相	隨	惟	正	可	守	心	不	可	欺	戒	之	戒	之		

제 6 편

안분편(安分篇)

解題

사람은 누구나 욕망이 있다. 그러나 사람이 자기의 분수를 모르고 욕망이 도에 지나친다면 재앙을 초래하게 된다. 물론 분수를 안다는 것이 쉬운 일은 아니지만 족함을 알고 분수에 맞는 편안한 삶을 영위하도록 해야 할 것이다.

1

景行錄에 云하되 知足可樂이오 務貪則憂니라.

글자풀이

知: 알 지, 맡을 지
足: 발 족, 족할 족
務: 힘쓸 무, 일 무

貪: 탐할 탐, 탐 탐
則: 곧 즉, 법칙 칙
憂: 근심 우, 병 우

해석

경행록에 이르기를, "족함을 알면 가히 즐겁고, 탐욕에 힘쓰면 근심하게 된다."라고 하였다.

쓰기

景	行	錄	云	知	足	可	樂	務	貪	則	憂					

2

知足者는 貧賤亦樂이요 不知足者는 富貴亦憂니라.

글자풀이

貧: 가난할 빈, 모자랄 빈
賤: 천할 천, 천히여길 천
富: 넉넉할 부, 부자 부
貴: 귀할 귀, 뽐낼 귀

해석

족함을 아는 자는 가난하고 천하여도 또한 즐겁고, 족함을 알지 못하는 자는 부귀해도 또한 근심한다.

쓰기

知	足	者	貧	賤	亦	樂	不	知	足	者	富	貴	亦	憂		

3

濫想은 徒傷神이오 妄動은 反致禍니라.

글자풀이

濫: 넘칠 람, 뜰 람
想: 생각할 상, 생각 상

徒: 무리 도, 다만 도
妄: 허망할 망, 거짓 망
動: 움직일 동, 자칫하면 동

反: 돌이킬 반, 거스를 반
致: 이를 치, 보낼 치
禍: 재앙 화, 죄 화

참고

□ 濫想: 분수나 정도에 넘치는 외람된(쓸데없는) 생각.

해석

쓸데없는 생각은 한갓 정신을 상하게 할 뿐이요, 망령된 행동은 도리어 화만 이르게 한다.

쓰기

濫	想	徒	傷	神	妄	動	反	致	禍							

4

知足常足이면 終身不辱하고 知止常止면 終身無恥니라.

글자풀이

常: 항상 상, 범상 상
終: 마칠 종, 끝 종
辱: 욕보일 욕, 욕볼 욕

止: 그칠 지, 머무를 지
恥: 부끄럼 치, 욕보일 치

해석

족함을 알아 늘 만족하면 평생 욕되지 않고, 그칠 줄 알아 늘 그치면 평생 부끄러움이 없다.

쓰기

知	足	常	足	終	身	不	辱	知	止	常	止	終	身	無	恥	

5

書曰 滿招損하고 謙受益이니라.

글자풀이

滿: 찰 만, 교만할 교

招: 부를 초, 구할 초

損: 덜 손, 잃을 손

謙: 겸손할 겸, 겸허할 겸

受: 받을 수, 어조사 수

益: 더할 익, 유익할 익

참고

□ 書: 중국 儒家 경전의 하나인 書經을 가리킴. 堯舜부터 周나라 때까지의 史實과 사상 등을 기록한 문서를 공자가 산정하여 책으로 편찬했다고 전해지며, 尙書로 불리우기도 한다.

해석

서경에 이르기를, "가득 차면(교만하면) 손실를 부르고, 겸손하면 이익을 얻는다."라고 하였다.

쓰기

書	曰	滿	招	損	謙	受	益									

6

安分吟에 曰, 安分身無辱이오 知機心自閑이니
雖居人世上이나 却是出人間이니라.

글자풀이

吟: 읊을 음, 끙끙거릴 음
機: 틀 기, 기틀 기
閑: 한가할 한, 틈 한

雖: 비록 수, 오직 수
居: 살 거, 있을 거
却: 문득 각, 물리칠 각

참고

□ 安分吟: 宋나라 때 나온 작자 미상의 安分詩.
□ 知機: 세상의 돌아가는 기틀, 이치를 알다.

해석

안분음에 이르기를, "분수에 편안하면 몸에 욕됨이 없고, 기틀을 알면 마음이 스스로 한가하니, 비록 인간 세상에 살더라도 도리어 인간 세상을 벗어나는 것이다."라고 하였다.

쓰기

安	分	吟	日	安	分	身	無	辱	知	機	心	自	閑	雖	居	人
世	上	却	是	出	人	間										

7

子曰 不在其位하면 不謨其政이니라.

글자풀이

位: 벼슬 위, 자리 위

謨: 도모할 모, 꾀 모

政: 정사 정, 법 정

해석

공자가 말하기를, "그 지위에 있지 않으면 그 정사(政事)를 꾀하지 않는다."라고 하였다.

쓰기

子	曰	不	在	其	位	不	謨	其	政							

제7편

존심편(存心篇)

解題

존심이란 우리가 하늘로부터 부여받은 본래의 마음 즉 양심을 잃지 않고 유지하는 것을 말한다. 그런데 이 양심은 욕망 등에 의해 본연의 상태를 유지할 수 없는 경우가 많기 때문에 끊임없이 반성하고 경계해야 하는 것이다.

1

景行錄에 云하되 坐密室을 如通衢하고
馭寸心을 如六馬하면 可免過니라.

글자풀이

密: 빽빽할 밀, 가까울 밀
通: 통할 통, 온통 통
衢: 거리 구, 갈림길 구
馭: 부릴 어
寸: 치 촌, 촌수 촌
免: 벗어날 면, 면할 면

참고

□ 通衢: (사방으로) 통하는 거리 즉 네거리를 말함.

□ 六馬: 옛날 중국에서 天子가 타고 다니는 수레는 여섯 필의 말이 끌었다. 여기서 六馬 부리듯 하라고 함은 곧 조심스럽게 善과 義에서 벗어나지 않게 행동하면 언제나 잘못을 저지르지 않을 것이라는 뜻이다.

해석

경행록에 이르기를, "밀실에 앉아 있기를 네거리에 앉은 것같이 하고, (한 치의) 작은 마음 제어하기를 말 여섯 필이 끄는 수레 부리듯 하면 가히 허물을 면할 수 있다."라고 하였다.

쓰기

景	行	錄	云	坐	密	室	如	通	衢	馭	寸	心	如	六	馬	可
免	過															

2

擊壤詩에 云하되 富貴를 如將智力求이면 仲尼도 年少合封侯라 世人은 不解靑天意하고 空使身心半夜愁니라.

글자풀이

擊: 칠 격, 부딪칠 격
壤: 고운흙 양, 땅 양
將: 장차 장, 장수 장
智: 슬기 지, 슬기로울 지
仲: 버금 중, 가운데 중
尼: 신중 니, 가까울 니
合: 합할 합, 맞을 합

封: 봉할 봉, 흙더미쌓을 봉
侯: 제후 후, 후작 후
解: 풀 해, 가를 해, 통할 해
空: 하늘 공, 헛되이 공
使: 부릴 사, 사신 사
愁: 근심할 수, 근심 수

참고

□ 擊壤詩: 중국 宋나라 때 邵雍이 엮은 擊壤集에 실린 시.
□ 如將: 만약 … 로 할 수 있다면.
□ 仲尼: 孔子의 字.

해석

격양시에 이르기를, "부귀를 만일 지혜의 힘으로 구할 수 있다면 공자는 나이 젊어서 마땅히 제후에 봉해졌을 것이다. 세상 사람은 푸른 하늘의 뜻을 알지 못하고 부질없이 몸과 마음으로 하여금 한밤중에 근심하게 한다."라고 하였다.

쓰기

擊	壤	詩	云	富	貴	如	將	智	力	求	仲	尼	年	少	合	封
侯	世	人	不	解	青	天	意	空	使	身	心	半	夜	愁		

3

范忠宣公이 戒子弟曰 人雖至愚나 責人則明하고 雖有聰明이나 恕己則昏이니 爾曹는 但當以責人之心으로 責己하고 恕己之心으로 恕人則不患不到聖賢地位也니라.

글자풀이

范: 풀이름 범, 성 범
宣: 베풀 선, 펼 선
責: 꾸짖을 책, 책임 책
聰: 밝을 총
恕: 어질 서, 용서할 서
昏: 날저물 혼, 어두울 혼
爾: 너 이, 그 이
曹: 무리 조, 짝 조
但: 다만 단, 거짓 탄
患: 근심 환, 앓을 환
聖: 성스러울 성, 성인 성
賢: 어질 현, 어진이 현

참고

□ 范忠宣公: 중국 北宋 때의 名臣. 이름은 純仁, 忠宣은 시호이며, 명신이자 대문호인 范仲淹의 아들이다.

□ 爾曹: 너희들

해석

범충신공이 자제들을 경계하여 말하기를, "사람이 비록 지극히 어리석더라도 남을 꾸짖음은 밝고, 비록 총명함이 있더라도 자기를 용서함은 어두우니, 너희들은 다만 마땅히 남을 꾸짖는 마음으로 자기를 꾸짖고 자기를 용서하는 마음으로 남을 용서하면 곧 성현의 지위에 이르지 못할 것을 근심하지 않을 것이다."라고 하였다.

쓰기

范	忠	宣	公	戒	子	弟	曰	人	雖	至	愚	責	人	則	明	雖
有	聰	明	恕	己	則	昏	爾	曹	但	當	以	責	人	之	心	責
己	恕	己	之	心	恕	人	則	不	患	不	到	聖	賢	地	位	也

4

子曰 聰明思睿라도 守之以愚하고 功被天下라도 守之以讓하고 勇力振世라도 守之以怯하고 富有四海라도 守之以謙이니라.

글자풀이

睿: 밝을 예, 슬기로울 예
守: 지킬 수, 절개 수
功: 공 공, 보람 공, 일 공
被: 당할 피, 덮을 피, 입을 피
讓: 겸손할 양, 사양할 양
勇: 날낼 용, 용감할 용
振: 떨칠 진, 떨 진
怯: 겁낼 겁, 겁많을 겁
謙: 겸손할 겸, 사양할 겸

참고

□ 四海: 天下, 온 세상.

해석

공자가 말하기를, "총명하고 생각이 슬기로워도 어리석음으로써 지키고, 공적이 천하를 덮을지라도 겸양으로써 지키고, 용맹이 세상에 떨칠지라도 겁냄으로써 지키며, 부유함이 사해를 소유할지라도 겸손으로써 지켜야 한다."라고 하였다.

쓰기

子	曰	聰	明	思	睿	守	之	以	愚	功	被	天	下	守	之	以
讓	勇	振	世	守	之	以	怯	富	有	四	海	守	之	以	謙	

5

素書에 云하되 薄施厚望者는 不報하고 貴而忘賤者는 不久니라.

글자풀이

素: 흴 소, 바탕 소
薄: 얇을 박, 적을 박
施: 베풀 시, 옮을 이
厚: 두터울 후, 두께 후

報: 갚을 보, 알릴 보
忘: 잊을 망, 건망증 망
賤: 천할 천, 천히여길 천
久: 오랠 구, 막을 구

참고

□ 素書: 책 이름. 중국 秦나라 말기의 兵家인 黃石公이 張良에게 내린 兵書로, 大旨는 道·德·仁·義·禮 五者를 일체로 삼은 것이다.

해석

소서에 이르기를, "박하게 베풀고 후하게 바라는 자는 보답받지 못하고, 귀하게 되고서 천함을 잊는 자는 오래가지 못한다."라고 하였다.

쓰기

素	書	云	薄	施	厚	望	者	不	報	貴	而	忘	賤	者	不	久

6

施恩勿求報하고 與人勿追悔하라.

글자풀이

與: 줄 여, 더불 여
追: 쫓을 추, 뒤따라 추
悔: 뉘우칠 회, 뉘우침 회

해석

은혜를 베풀고서 보답을 구하지 말고, 남에게 주었거든 나중에 후회하지 말라.

쓰기

施	恩	勿	求	報	與	人	勿	追	悔							

7

孫思邈이 曰 膽欲大而心欲小하고 知欲圓而行欲方이니라.

글자풀이

邈: 아득할 막, 멀 막
膽: 쓸개 담, 씻을 담
圓: 둥글 원, 동그라미 원
方: 모질 방, 바야흐로 방

참고

□ 孫思邈: 중국 唐나라 때의 名醫.

해석

손사막이 말하기를, "담력은 크게 가지도록 하되 마음은 작게 가지도록 하고, 지혜는 원만하게 가지도록 하되 행동은 방정하도록 해야 한다."라고 하였다.

쓰기

孫	思	邈	曰	膽	欲	大	而	心	欲	小	知	欲	圓	而	行	欲
方																

8

念念要如臨戰日하고 心心常似過橋時니라.

글자풀이

念: 생각 념, 욀 념
要: 구할 요, 요할 요
臨: 임할 림, 병거 림
戰: 싸울 전, 두려워할 전
似: 같을 사, 흉내낼 사
過: 지날 과, 건널 과
橋: 다리 교, 업신여길 교
時: 때 시, 때때로 시

해석

생각마다 전쟁터에 임하는 날과 같이 하고, 마음마다 늘 다리를 건널 때와 같이 하라.

쓰기

念	念	要	如	臨	戰	日	心	心	常	似	過	橋	時			

9

懼法이면 朝朝樂이오 欺公日日憂니라.

글자풀이

懼: 두려워할 구, 으를 구
朝: 아침 조, 조정 조

欺: 속일 기, 거짓 기

참고

□ 公: 공적인 것 즉 나라 일.

해석

법을 두려워하면 아침마다 즐겁고, 공적인 것을 속이면 날마다 근심한다.

쓰기

懼	法	朝	朝	樂	欺	公	日	日	憂							

10

朱文公이 曰 守口如甁하고 防意如城하라.

글자풀이

如: 같을 여, 만약 여

甁: 병 병, 단지 병

防: 막을 방, 둑 방

城: 재 성, 성 성

참고

□ 朱文公(1130~1200): 朱子. 중국 南宋의 儒學者. 이름은 熹, 자는 元晦 또는 仲晦, 호는 晦菴 또는 晦翁 등이며, 시호가 文公이다. 性理學을 大成하여 朱子學으로까지 불리게 하였다. 저서로 〈詩集傳〉·〈四書集註〉·〈近思錄〉·〈小學〉 등이 있다.

해석

주문공이 말하기를, "입을 지키는 것을 병같이(병 막듯이) 하고 뜻 막기를 성 같이(성 지키듯이) 하라."라고 하였다.

쓰기

朱	文	公	曰	守	口	如	甁	防	意	如	城					

11

心不負人이면 面無慚色이니라.

글자풀이

負: 질 부, 저버릴 부

慚: 부끄러워할 참, 부끄러울 참

해석

마음이 남을 저버리지 않았으면 얼굴에 부끄러운 빛이 없다.

쓰기

心	不	負	人	面	無	慚	色									

12

人無百歲人이나 枉作千年計니라.

글자풀이

歲: 해 세, 나이 세

枉: 헛될 왕, 굽을 왕

作: 지을 작, 일으킬 작

計: 셀 계, 꾀 계

해석

사람은 백 살 사는 사람이 없건만 헛되이 천년의 계획을 세운다.

쓰기

人	無	百	歲	人	枉	作	千	年	計							

13

寇萊公六悔銘에 云하되 官行私曲失時悔요
富不儉用貧時悔요 藝不少學過時悔요 見事不學用時悔요
醉後狂言醒時悔요 安不將息病時悔니라.

글자풀이

寇: 성 구
萊: 명아주 래, 거칠 래
悔: 뉘우칠 회, 뉘우침 회
銘: 새길 명, 명 명
曲: 굽을 곡, 자세할 곡
儉: 검소할 검, 넉넉지못할 검
藝: 재주 예, 법 예
醉: 취할 취, 취히게할 취
狂: 미칠 광, 사나울 광
醒: 깰 성, 깨달을 성
將: 장차 장, 장수 장
息: 쉴 식, 아들 식

참고

□ 寇萊公: 중국 宋나라 때의 명신. 성은 寇, 이름은 準, 자는 平仲, 시호가 萊國公이다.

□ 六悔銘: 여섯 가지 후회할 일들을 경계하라는 가르침을 적은 글.
□ 私曲: 私利를 위해 올바르지 못하고 굽은 일 즉 부정한 일을 행하는 것을 말함.

해석

구래공의 육회명에 이르기를, "관리가 부정을 행하면 벼슬을 잃을 때 후회하고, 부유할 때 검소하게 쓰지 않으면 가난해졌을 때 후회하고, 재주를 어려서 배우지 않으면 때가 지났을 때 후회하고, 일을 보고 배우지 않으면 필요하게 되었을 때 후회하고, 취한 뒤에 함부로 말하면 깨었을 때 후회하고, 편안할 때 장차 쉬지 않으면 병이 들었을 때 후회한다."라고 하였다.

쓰기

寇	萊	公	六	悔	銘	云	官	行	私	曲	失	時	悔	富	不	儉
用	貧	時	悔	藝	不	少	學	過	時	悔	見	事	不	學	用	時
悔	醉	後	狂	言	醒	時	悔	安	不	將	息	病	時	悔		

14

益智書에 云하되 寧無事而家貧이언정 莫有事而家富요
寧無事而住茅屋이언정 不有事而住金屋이요
寧無病而食麤飯이언정 不有病而服良藥이니라.

글자풀이

寧: 차라리 녕, 편안할 녕
住: 살 주, 머무를 주
茅: 띠 모, 띠벨 모
屋: 집 옥, 지붕 옥
麤: 거칠 추, 대강 추
飯: 밥 반, 먹을 반
服: 옷 복, 복용할 복
良: 어질 량, 좋을 량
藥: 약 약, 약쓸 약

참고

□ 寧 … 莫(不) …: 차라리 … 할지언정 … 하지 말라.
□ 金屋: 좋은 집

해석

익지서에 이르기를, "차라리 무사하면서 집이 가난할지언정 사고 있으면서 집이 부유하지는 말 것이며, 차라리 무사하면서 초가집에 살지언정 사고 있으면서 좋은 집에 살지는 말아야 하고, 차라리 병 없이 거친 밥을 먹을지언정 병이 있으면서 좋은 약을 먹지는 말아야 한다."라고 하였다.

쓰기

益	智	書	云	寧	無	事	而	家	貧	莫	有	事	而	家	富	寧
無	事	而	住	茅	屋	不	有	事	而	住	金	屋	寧	無	病	而
食	麤	飯	不	有	病	而	服	良	藥							

15

心安茅屋穩이오 性定菜羹香이니라.

글자풀이

穩: 안온할 온, 걷어모을 온
菜: 나물 채, 찬 채
羹: 국 갱, 국끓일 갱
香: 향기 향, 향 향

해석

마음이 편안하면 초가집도 안온하고, 성정(性情)이 안정되면 나물국도 향기롭다.

쓰기

心	安	茅	屋	穩	性	定	菜	羹	香							

16

景行錄에 云하되 責人者는 不全交요 自恕者는 不改過니라.

글자풀이

全: 온통 전, 온전할 전
交: 사귈 교, 섞일 교
改: 고칠 개, 고쳐질 개

해석

경행록에 이르기를, "남을 꾸짖는 자는 사귐을 온전히 하지 못하고, 스스로 용서하는 자는 허물을 고치지 못한다."라고 하였다.

쓰기

景	行	錄	云	責	人	者	不	全	交	自	恕	者	不	改	過	

17

夙興夜寐하여 所思忠孝者는 人雖不知나 天必知之요
飽食煖衣하여 怡然自衛者는 身雖安이나 其如子孫에 何오.

글자풀이

夙: 일찍 숙, 빠를 숙
興: 일 흥, 일으킬 흥
寐: 잘 매, 죽을 매
飽: 배부를 포, 만족할 포
煖: 따뜻할 난, 따뜻이할 난
怡: 기뻐할 이, 온화할 이
然: 그럴 연, 그러나 연
衛: 지킬 위, 막을 위

참고

□ 夙興夜寐: 일찍 일어나서 밤에 잠잘 때까지.
□ 怡然: 기뻐하는 모습
□ 其如子孫何: 그 자손은 어찌 하리오?

해석

아침 일찍 일어나서 밤에 잘 때까지 생각하는 바가 충과 효인 자는 사람이 비록 알아주지 않더라도 하늘이 반드시 알고, 배불리 먹고 따뜻이 입고서 즐겁게 자기만 지키는 자는 자신은 비록 편안하지만 그 자손은 어찌 하리오?

쓰기

夙	興	夜	寐	所	思	忠	孝	者	人	雖	不	知	天	必	知	之
飽	食	煖	衣	怡	然	自	衛	者	身	雖	安	其	如	子	孫	何

18

以愛妻子之心으로 事親則曲盡其孝요 以保富貴之心으로 奉君則無往不忠이요 以責人之心으로 責己則寡過요 以恕己之心으로 恕人則全交니라.

글자풀이

妻: 아내 처, 시집보낼 처
事: 일 사, 섬길 사
親: 친할 친, 어버이 친
盡: 다할 진, 가령진

保: 보전할 보, 지킬 보
奉: 받들 봉, 바칠 봉
往: 갈 왕, 예 왕, 언제나 왕
寡: 적을 과, 홀어미 과

해석

처자를 사랑하는 마음으로 어버이를 섬기면 그 효성이 극진하고, 부귀를 보존하는 마음으로 임금을 받들면 언제나 충성되지 않음이 없고, 남을 꾸짖는 마음으로 자기를 꾸짖는다면 허물이 적을 것이며, 자기를 용서하는 마음으로 남을 용서한다면 사귐을 온전히 할 수 있다.

쓰기

以	愛	妻	子	之	心	事	親	則	曲	盡	其	孝	以	保	富	貴
之	心	奉	君	則	無	往	不	忠	以	責	之	心	責	己	則	寡
過	以	恕	己	之	心	恕	人	則	全	交						

19

爾謀不臧하면 悔之何及이며 爾見不長이면 敎之何益이리오 利心專心則背道요 私意確則滅公이니라.

글자풀이

爾: 너 이, 그 이
謀: 꾀할 모, 꾀 모
臧: 착할 장, 종 장
長: 길 장, 나을 장
利: 이로울 이, 이 이
專: 오로지 전, 제멋대로할 전
背: 등 배, 배반할 배
確: 단단할 활, 확실할 확
滅: 멸망할 멸, 멸할 멸

해석

너의 꾀함이 착하지 못하면 후회한들 어찌 미치며, 너의 견해가 훌륭하지 못하면 가르친들 무엇이 유익하리오. 이(利)를 생각하는 마음만 오로지 한다면 도에 어긋나고, 사사로운 뜻만이 굳으면 공(公)을 멸하게 된다.

쓰기

爾	謀	不	臧	悔	之	何	及	爾	見	不	長	敎	之	何	益	利
心	專	心	則	背	道	私	意	確	則	滅	公					

20

生事事生이요 省事事省이니라.

글자풀이

省: 살필 성, 덜 생

해석

일을 만들면 또 일이 생기고, 일을 덜면 일이 덜어진다.

쓰기

生	事	事	生	省	事	事	省									

제 8 편

계성편(戒性篇)

解題

性이란 타고난 본연의 성품을 말하는데, 이 성품은 孟子가 주창한 바와 같이 본래는 善한 것이며, 살아가는 동안 이 선한 성품이 욕망 등에 의해 훼손·변질되지 않도록 경계하여 늘 본연의 상태를 유지할 수 있게 힘써야 하는 것이다.

1

景行錄에 云하되 人性이 如水하여 水一傾則不可復이요
性一縱則不可反이니 制水者는 必以堤防하고
制性者는 必以禮法이니라.

글자풀이

傾: 기울 경
復: 다시 부, 회복할 복
縱: 놓을 종, 세로 종, 방종할 종
反: 돌이킬 반, 거스를 반
制: 마를 제, 지을 제
堤: 둑 제
防: 막을 방, 둑 방
禮: 예 례, 예우할 례

참고

□ 一~則~: 한번(일단)~하면 곧 ~하다.

해석

경행록에 이르기를, "사람의 성품은 물과 같아서 한 번 기울어지면 회복할 수 없고, 성품은 한 번 방종해지면 돌이킬 수 없으니, 물을 제어하는 자는 반드시 제방으로써 하고 성품을 제어하는 자는 반드시 예법으로서 한다."라고 하였다.

쓰기

景	行	錄	云	人	性	如	水	水	一	傾	則	不	可	復	性	一
縱	則	不	可	反	制	水	者	必	以	堤	防	制	性	者	必	以
禮	法															

2

忍一時之忿이면 免百日之憂이니라.

글자풀이

忍: 참을 인, 잔인할 인

忿: 성낼 분, 분 분

免: 면할 면, 벗어날 면

憂: 근심 우, 병 우

해석

한때의 분함을 참으면 백날의 근심을 면한다.

쓰기

忍	一	時	之	忿	免	百	日	之	憂						

3

得忍且忍이오 得戒且戒하라 不忍不戒면 小事成大니라.

글자풀이

得: 얻을 득, 만족할 득

且: 또 차, 장차 차

戒: 경계할 계, 재계할 계

참고

□ 得忍: 참음을 얻다 즉 참다.

해석

참고 또 참고 경계하고 또 경계하라. 참지 않고 경계하지 않으면 작은 일이 크게 된다.

쓰기

得	忍	且	忍	得	戒	且	戒	不	忍	不	戒	小	事	成	大	

4

愚濁生嗔怒는 皆因理不通이라 休添心上火하고
只作耳邊風이라 長短은 家家有요 炎凉은 處處同이라
是非無相實하여 究竟摠成空이니라.

글자풀이

愚: 어리석을 우, 우직할 우
濁: 흐릴 탁, 흐리게할 탁
嗔: 성낼 진, 성할 전
怒: 성낼 노, 세찰 노
皆: 다 개, 두루미칠 개
休: 쉴 휴, 밀 휴
添: 더할 첨, 안주 첨
只: 단지 지, 말그칠 지
邊: 가 변, 변방 변
炎: 탈 염, 불꽃 염
凉: 서늘할 량, 도울 량
究: 궁구할 구, 궁극 구
竟: 끝날 경, 마침내 경
摠: 거느릴 총, 모두 총

참고

□ 炎凉: 따뜻하고 쌀쌀함. 권세나 재력이 있을 때는 따뜻이 대하지만 그렇지 못하게 되면 쌀쌀하게 대하는 세상 인심, 즉 炎凉世態를 말한다.
□ 究竟: 끝내, 마침내.

해석

어리석고 흐린 사람이 성내고 노하는 것은 다 이치에 통하지 못하기 때문이다. 마음 위에 불길을 더하지 말고 다만 귓가에 스치는 바람같이 여기라. 장점과 단점은 집집마다 있고 따뜻하고 쌀쌀함은 곳곳마다 같다. 옳고 그름은 실상이 없어서 마침내는 모두 다 빈 것이 된다.

쓰기

愚	濁	生	嗔	怒	皆	因	理	不	通	休	添	心	上	火	只	作
耳	邊	風	長	短	家	家	有	炎	凉	處	處	同	是	非	無	相
實	究	竟	摠	成	空											

5

子張이 欲行에 辭於夫子할새 願賜一言爲修身之美한데
子曰 百行之本이 忍之爲上이니라 子張이 曰 何爲忍之잇고
子曰 天子忍之면 國無害하고 諸侯忍之면 成其大하고
官吏忍之면 進其位하고 兄弟忍之면 家富貴하고 夫妻忍之면
終其世하고 朋友忍之면 名不廢하고 自身忍之면 無禍害니라.

글자풀이

張: 베풀 장, 펼 장
欲: 하고자할 욕, 바랄 욕
願: 바랄 원, 소망 원
辭: 말씀 사, 하직할 사
賜: 줄 사, 받을 사
諸: 모든 제, 어조사 제
侯: 제후 후, 기후 후
吏: 벼슬아치 리, 아전 리
進: 나아갈 진, 오를 진
廢: 폐할 폐, 폐하여질 폐
害: 해칠 해, 어느 할

참고

☐ 子張: 孔子의 제자. 성은 顓孫, 이름은 師, 子張은 자이다.

☐ 夫子: 일반적으로 선생님·스승을 의미하나, 儒家에서는 최고의 스승인 孔子를 가리킨다.

☐ 修身之美: 몸을 닦는 아름다운(좋은) 방법.

☐ 何爲: 무엇 때문에, 어째서

☐ 終其世: 그 세상을(평생을) 함께 마치다 즉 해로하다.

☐ 名不廢: 이름이 폐해지지 않다 즉 우정 또는 신의라는 이름이 깎이지 않다.

해석

자장이 떠나고자 하여 공자에게 하직하면서 한 말씀 내려주어 몸을 닦는 좋은 방법으로 삼기를 원하자 공자가 말하기를, "모든 행동의 근본은 참는 것이 으뜸이 된다"라고 하였다. 자장이 말하기를, "무엇 때문에 참아야 합니까?" 라고 하였다. 공자가 말하기를, "천자가 참으면 나라에 해가 없고, 제후가 참으면 그 나라를 크게 이루고, 관리가 참으면 그 지위가 올라가고, 형제가 참으면 집안이 부귀해지고, 부부가 참으면 평생을 해로하고, 친구들이 참으면 우정이라는 이름이 폐해지지 않고 자신이 참으면 재앙과 손해가 없게 된다."라고 하였다.

쓰기

子	張	欲	行	辭	於	夫	子	願	賜	一	言	爲	修	身	之	美
子	曰	百	行	之	本	忍	之	爲	上	子	張	曰	何	爲	忍	之
子	曰	天	子	忍	之	國	無	害	諸	侯	忍	之	成	其	大	官
吏	忍	之	進	其	位	兄	弟	忍	之	家	富	貴	夫	妻	忍	之

朋	友	忍	之	名	不	廢	自	身	忍	之	無	禍	害			

6

子張이 曰 不忍則如何닛고 子曰 天子不忍이면 國空虛하고 諸侯不忍이면 喪其軀하고 官吏不忍이면 刑法誅하고 兄弟不忍이면 各分居하고 夫妻不忍이면 令子孤하고 朋友不忍이면 情意疎하고 自身이 不忍이면 患不除니라 子張曰 善哉善哉라 難忍難忍이여 非人不忍이요 不忍非人이로다.

글자풀이

空: 하늘 공, 빌 공
虛: 빌 허, 구멍 허
喪: 잃을 상, 복입을 상
軀: 몸 구
刑: 형벌 형, 법 형
誅: 벨 주, 죄줄 주
令: 하여금 령, 영 령
孤: 고아 고, 외로울 고
情: 뜻 정, 사랑 정
疎: 드물 소, 멀어질 소
除: 섬돌 제, 덜 제, 벼슬줄 제
難: 어려울 난

해석

자장이 말하기를, "참지 않으면 어떠합니까?"라고 물었다. 공자가 말하기를, "천자가 참지 않으면 나라가 공허해지고, 제후가 참지 않으면 그 몸을 잃게 되고, 관리가 참지 않으면 형법에 의해 베이고, 형제가 참지 않으면 각각 따로 살게 되고, 부부가 참지 않으면 자식이 외롭게 되고, 친구간에 참지 않으면 정과 뜻이 멀어지고, 자신이 참지 않으면 근심이 없어지지 않는다."라고 하였다. 자장이 말하기를, "좋고도 좋으신 말씀이십니다. 참기 어려움이여, 참기 어려움이여! 사람이 아니면 참지 못하고, 참지 못하면 사람이 아닙니다."라고 하였다.

쓰기

子	張	曰	不	忍	則	如	何	子	曰	天	子	不	忍	國	空	虛
諸	侯	不	忍	喪	其	軀	官	吏	不	忍	刑	法	誅	兄	弟	不
忍	各	分	居	夫	妻	不	忍	令	子	孤	朋	友	不	忍	情	意
疎	自	身	不	忍	患	不	除	子	張	曰	善	哉	善	哉	難	忍
難	忍	非	人	不	忍	不	忍	非	人							

7

景行錄에 云하되 屈己者는 能處重하고 好勝者는 必遇敵이니라.

글자풀이

屈: 굽을 굴, 굽힐 굽
己: 몸 기, 여섯째천간 기
能: 능할 능, 재능 능
勝: 이길 승, 나을 승
遇: 만날 우, 대접 우
敵: 원수 적, 적 적, 필적할 적

참고

□ 處重: 중요한 지위 또는 위치에 처하다.

해석

경행록에 이르기를, "자기를 굽히는 자는 능히 중요한 지위에 처할 수 있고, 이기기를 좋아하는 자는 반드시 적을 만난다."라고 하였다.

쓰기

景	行	錄	云	屈	己	者	能	處	重	好	勝	者	必	遇	敵	

8

惡人이 罵善人커든 善人은 總不對하라 不對는 心淸閑이오 罵者는 口熱沸라 正如人唾天이면 還從己身墜니라.

글자풀이

罵: 욕할 매, 욕 매
總: 거느릴 총, 모두 총
熱: 열 열, 더울 열
沸: 끓을 비, 용솟음할 불
唾: 침 타, 침뱉을 타
還: 돌아올 환, 도리어 환
墜: 떨어질 추, 무너질 추

해석

악한 사람이 착한 사람을 욕하거든 착한 사람은 끝내 대응하지 말라. 대응하지 않은 사람은 마음이 맑고 한가하며 욕하는 사람은 입이 뜨겁게 끓어 오르니 마치 사람이 하늘에 침을 뱉으면 도로 따라서 자기 몸에 떨어지는 것과 같다.

쓰기

惡	人	罵	善	人	善	人	總	不	對	不	對	心	淸	閑	罵	者
口	熱	沸	正	如	人	唾	天	還	從	己	身	墜				

9

我若被人罵라도 佯聾不分說하라 譬如火燒空하여
不救自然滅이라 我心은 等虛空이거늘 摠爾翻脣舌이니라.

글자풀이

若: 만약 약, 같을 약
被: 당할 피, 입을 피, 덮을 피
佯: 속일 양, 거짓 양
聾: 귀머거리 롱, 귀먹을 롱
譬: 비유할 비, 깨달을 비
燒: 탈 소, 불사를 소
救: 구원할 구, 도울 구
滅: 멸망할 멸, 멸할 멸
等: 같을 등, 무리 등
爾: 너 이, 그 이
翻: 날 번, 뒤집힐 번
脣: 입술 순, 가 순
舌: 혀 설

참고

□ 被: 문장의 주어가 '…되다', '…당하다', '…받다'의 의미 즉 피동의 의미를 갖게 함.

□ 分說: 시비를 가려서 말하다.

해석

내가 만약 남에게 욕을 먹더라도 거짓으로 귀먹은 체하고 (시비를) 가려 말하지 말라. 비유하건데 불이 허공에서 타다가 끄지 않아도 자연히 꺼지는 것과 같다. 내 마음은 허공과 같거늘 그 입술과 혀만이 결국 폈다 뒤집혔다 할 것이다.

쓰기

我	若	被	人	罵	佯	聾	不	分	說	譬	如	火	燒	空	不	救
自	然	滅	我	心	等	虛	空	摠	爾	翻	脣	舌				

10

凡事에 留人情이면 後來에 好相見이니라.

글자풀이

凡: 무릇 범, 대강 범

留: 머무를 류, 뒤질 류

해석

모든 일에 인정을 남겨두면 뒤에 서로 좋은 낯으로 보게 된다.

쓰기

凡	事	留	人	情	後	來	好	相	見							

제9편

근학편(勤學篇)

解題

근학이란 부지런히 배우라는 뜻이다. 요즘같이 급변하는 정보화 시대에는 남녀노소 누구나 끊임없이 배우고 익혀야만 한다. 더구나 젊은 학생들은 여름 밤에는 반딧불로, 겨울 밤에는 눈빛으로 글을 읽는 고생을 하면서 공부하는 보람을 느낄 수 있어야 하겠다.

1

子曰 博學而篤志하고 切問而近思면 仁在其中矣니라.

글자풀이

博: 넓을 박, 넓힐 박
篤: 도타울 독, 중할 독
切: 벨 절, 절박할 절, 온통 체

참고

□ 이 문장은 〈論語〉 子張篇에 나오는 것인데, 원문에서는 공자의 제자인 子夏가 말한 것으로 되어있다.

□ 近思: 진리에 가깝게 생각하다. 즉 잘 생각하다.

해석

공자가 말하기를, "널리 배우고 뜻을 독실히 하며, 간절히 묻고 잘 생각하면 인(仁)은 그 가운데 있다."라고 하였다.

쓰기

子	曰	博	學	而	篤	志	切	問	而	近	思	仁	在	其	中	矣

2

莊子曰 人之不學은 如登天而無術하고 學而智遠이면
如披祥雲而覩青天하고 登高山而望四海니라.

글자풀이

登: 오를 등, 올릴 등
術: 업 술, 술수 술
智: 슬기 지, 슬기로울 지
披: 헤칠 피, 펼 피
祥: 복 상, 조짐 상
覩: 볼 도, 성 도
望: 바라볼 망, 소망 망

해석

장자가 말하기를, "사람이 배우지 않음은 술수 없이 하늘에 오르려는 것과 같고, 배워서 지혜가 멀리 미치면 상서로운 구름을 헤치고 푸른 하늘을 보는 것과 같고 높은 산에 올라 사해를 바라보는 것과 같다."라고 하였다.

쓰기

莊	子	曰	人	之	不	學	如	登	天	而	無	術	學	而	智	遠

如	披	祥	雲	而	覩	靑	天	登	高	山	而	望	四	海		

3

禮記에 曰 玉不琢이면 不成器하고 人不學이면 不知義니라.

글자풀이

禮: 예 례, 예우할 례
記: 적을 기, 기억할 기
琢: 쫄 탁, 닦을 탁
器: 그릇 기, 그릇으로쓸 기

참고

□ 禮記: 중국 儒家의 經典으로, 五經의 하나. 예법과 제도 등의 내용을 담고 있으며, 특히 이 책중의 두 편인 〈中庸〉과 〈大學〉은 四書로서 널리 읽혀 왔다.
□ 義理: 올바르게 살아나가는 도리.

해석

예기에 이르기를, "옥도 다듬지 않으면 그릇을 이루지 못하고, 사람은 배우지 않으면 의리를 알지 못한다."라고 하였다.

쓰기

禮	記	曰	玉	不	琢	不	成	器	人	不	學	不	知	義		

4

太公이 曰 人生不學이면 如冥冥夜行이니라.

글자풀이

冥: 어두울 명, 그윽할 명

해석

태공이 말하기를, "사람이 배우지 않으면 어둡고 어두운 밤에 길을 가는 것과 같다."라고 하였다.

쓰기

太	公	曰	人	生	不	學	如	冥	冥	夜	行					

5

韓文公이 曰 人不通古今이면 馬牛而襟裾니라.

글자풀이

韓: 나라이름 한, 우물난간 한

通: 통할 통, 온통 통

襟: 깃 금, 마음 금

裾: 자락 거, 곧을 거

참고

□ 韓文公(768~822): 중국 唐나라 때의 학자이자 大文豪. 이름은 愈, 자는 退之, 文公은 시호. 불교와 도교가 성행하던 당시에 孟子의 道統을 이은 것으로 자부하며 儒教를 회복하고자 노력했으며, 騈儷文을 배척하고 古文運動을 벌이며 많은 散文을 지어 당송팔대가 중에서도 첫 손 꼽힌다.

해석

한문공이 말하기를, "사람이 고금(古今)에 통하지 못하면 소나 말에 옷을 입힌 것과 같다." 라고 하였다.

쓰기

韓	文	公	曰	人	不	通	古	今	馬	牛	而	襟	裾			

6

朱文公이 曰 家若貧이라도 不可因貧而廢學이요
家若富라도 不可恃富而怠學이니라
貧若勤學이면 可以立身이요 富若勤學이면 名乃光榮이라
惟見學者顯達이요 不見學者無成이니라
學者는 乃身之寶요 學者는 乃世之珍이니라
是故로 學則乃爲君子요 不學則爲小人이니 後之學者는
宜各勉之니라.

글자풀이

廢: 폐할 폐, 폐하여질 폐
恃: 믿을 시, 어미 시
怠: 게으를 태, 업신여길 태
勤: 부지런할 근, 힘쓸 근
乃: 이에 내, 어조사 내
榮: 영화 영, 번영할 영
惟: 오직 유, 생각할 유
顯: 밝을 현, 나타날 현
達: 달할 달, 이를 달
珍: 보배 진, 희귀할 진
宜: 옳을 의, 마땅할 의
勉: 힘쓸 면 , 권할 면

참고

□ 顯達: 높은 지위에 오름, 즉 입신출세함을 뜻함.

해석

주문공이 말하기를, "집이 만약에 가난하더라도 가난함으로 인하여 배움을 폐해서는 안되고, 만약 집이 부유하더라도 부를 믿고 배움을 게을리해서는 안된다. 가난하더라도 만약 부지런히 배우면 가히 입신할 수 있고, 부유하더라도 만약 부지런히 배우면 이름이 이에 빛날 것이다. 오직 배운 자가 현달하는 것은 보았으나 배운 자가 이루지 못하는 것은 보지 못하였다. 배움이라는 것은 곧 일신의 보배요, 배운 사람은 곧 세상의 보배이다. 그러므로 배우면 이에 군자가 되고, 배우지 않으면 소인이 되니 후세의 배우는 자들은 마땅히 각자 힘써야 한다."라고 하였다.

쓰기

朱	文	公	曰	家	若	貧	不	可	因	貧	而	廢	學	家	若	富
不	可	恃	富	而	怠	學	貧	若	勤	學	可	以	立	身	富	若

勤	學	名	乃	光	榮	惟	見	學	者	顯	達	不	見	學	者	無
成	學	者	乃	身	之	寶	學	者	乃	世	之	珍	是	故	學	則
乃	爲	君	子	不	學	則	爲	小	人	後	之	學	者	宜	各	勉
之																

7

徽宗皇帝曰 學者는 如禾如稻하고 不學者는 如蒿如草로다 如禾如稻兮여 國之精糧이요 世之大寶로다 如蒿如草兮여 耕者憎嫌하고 鋤者煩惱니라 他日面墻에 悔之已老로다.

글자풀이

徽: 아름다울 휘, 표기 휘
宗: 가묘 종, 마루 종
皇: 임금 황, 클 황
帝: 하느님 제, 임금 제
禾: 벼 화, 곡식 화
稻: 벼 도
蒿: 쑥 호, 고달플 호
精: 찧을 정, 순일할 정
糧: 양식 량, 급여 량
耕: 갈 경, 쟁기 경
憎: 미워할 증, 미움 증
嫌: 싫어할 혐, 의심할 혐
鋤: 호미 서, 김맬 서
煩: 번민할 번, 번거로울 번
惱: 괴로워할 뇌, 괴롭힐 뇌
面: 낯 면, 향할 면
墻: 담 장, 경계 장
悔: 뉘우칠 회, 뉘우침 회

참고

□ 徽宗: 중국 北宋의 8대 황제. 글씨와 그림에 조예가 깊었다. 金나라의 침략으로 아들인 欽宗과 함께 만주로 잡혀가 그곳에서 죽었다.

해석

휘종황제가 말하기를, "배운 사람은 벼와 같고, 배우지 않은 사람은 쑥과 같고 풀과 같다. 벼와 같음이여, 나라의 좋은 양식이고 세상의 큰 보배로다. 쑥과 같고 풀과 같음이여, 밭가는 이가 싫어하고 김매는 이가 번거로워하고 괴로워한다. 뒷날 담을 마주한 것 같음에 후회한들 이미 늙었도다."라고 하였다.

쓰기

徽	宗	皇	帝	曰	學	者	如	禾	如	稻	不	學	者	如	蒿	如
草	如	禾	如	稻	兮	國	之	精	糧	世	之	大	寶	如	蒿	如
草	兮	耕	者	憎	嫌	鋤	者	煩	惱	他	日	面	墻	悔	之	已
老																

8

論語에 曰 學如不及이요 惟恐失之니라.

글자풀이

論: 말할 론, 논할 론
及: 미칠 급, 및 급
恐: 두려워할 공, 으를 공
失: 잃을 실, 놓을 일

참고

□ 論語: 중국 儒家의 經典으로 四書의 하나. 孔子와 그 제자들의 언행을 기록한 책.

해석

논어에 이르기를, "배움은 미치지 못한 것같이 하고, 오직 잃어버릴까 두려워해야 한다."라고 하였다.

쓰기

論	語	曰	學	如	不	及	惟	恐	失	之						

제 10 편

훈자편(訓子篇)

解題

자식에게는 재산을 많이 물려주는 것보다 세상을 착하고 현명하고 행복하게 살아나갈 수 있는 올바른 심성과 지혜 그리고 용기를 길러주는 것이 훨씬 중요하다. 때문에 어려서부터 자식 가르치기에 최선을 다해야만 하는 것이다.

1

景行錄에 云하되 賓客不來하면 門户俗하고
詩書無敎면 子孫愚니라.

글자풀이

賓: 손 빈, 묵을 빈
客: 손 객, 나그네 객
户: 지게 호, 집 호
俗: 풍습 속, 시속 속
愚: 어리석을 우, 우직할 우

해석

경행록에 이르기를, "손님이 오지 않으면 집안이 속되어지고, 시서(詩書)를 가르치지 않으면 자손이 어리석어진다."라고 하였다.

쓰기

景	行	錄	云	賓	客	不	來	門	户	俗	詩	書	無	教	子	孫
愚																

2

莊子曰 事雖小나 不作이면 不成이요 子雖賢이나 不教면 不明이니라.

글자풀이

雖: 비록 수, 오직 수

作: 지을 작, 일으킬 작

賢: 어질 현, 어진이 현

해석

장자가 말하기를, "일이 비록 작더라도 하지 않으면 이루어지지 않고, 자식이 비록 어질더라도 가르치지 않으면 현명해지지 못한다."라고 하였다.

쓰기

莊	子	曰	事	雖	小	不	作	不	成	子	雖	賢	不	教	不	明

3

漢書에 云하되 黃金滿籯이 不如教子一經이요
賜子千金이 不如教子一藝니라.

글자풀이

漢: 한나라 한, 사내 한
滿: 찰 만, 교만할 만
籯: 광주리 영, 상자 영
經: 날 경, 책 경
賜: 줄 사, 받을 사
藝: 재주 예, 법 예

참고

□ 漢書: 중국 前漢의 역사를 기록한 책. 작자는 班固이며, 紀傳體의 斷代史로서 通史인 司馬遷의 〈史記〉와 더불어 중국의 대표적 史書로 꼽힌다.
□ 經: 고대 儒家의 대표적 전적인 四書三經 등의 經書를 가리킴.

해석

한서에 이르기를, "황금이 광주리에 차 있는 것은 자식에게 경서 하나를 가르치는 것만 같지 못하고, 자식들에게 천금을 주는 것은 자식에게 한가지 재주를 가르치는 것만 같지 못하다."라고 하였다.

쓰기

漢	書	云	黃	金	滿	籯	不	如	教	子	一	經	賜	子	千	金

不	如	教	子	一	藝											

4

至樂은 莫如讀書요 至要는 莫如教子니라.

글자풀이

至: 이를 지, 지극할 지

讀: 읽을 독, 구두 두

要: 구할 요, 중요로울 요

教: 가르침 교, 가르칠 교

참고

□ 莫如: …같은(만한) 것이 없다.

□ 至要: 지극히 중요한 것.

해석

지극한 즐거움으로는 독서 같은 것이 없고, 지극히 중요한 것으로는 자식 가르치는 것 만한 것이 없다.

쓰기

至	樂	莫	如	讀	書	至	要	莫	如	教	子					

5

呂滎公이 曰 內無賢父兄하고 外無嚴師友而能有成者는 鮮矣니라.

글자풀이

呂: 등뼈 려, 성 려
滎: 물이름 형
嚴: 엄할 엄, 굳셀 엄
鮮: 드물 선, 고울 선

참고

□ 呂滎公: 중국 北宋 때의 학자. 이름은 希哲, 자는 原明, 滎公은 시호.

해석

여형공이 말하기를, "안으로 현명한 아버지나 형이 없고, 밖으로 엄한 스승과 벗이 없으면서 능히 성취가 있는 자는 드물다."라고 하였다.

쓰기

呂	滎	公	曰	內	無	賢	父	兄	外	無	嚴	師	友	而	能	有
成	者	鮮	矣													

6

太公이 曰 男子失敎면 長必頑愚하고 女子失敎면 長必麤疏니라.

글자풀이

長: 길 장, 자랄 장

頑: 둔할 완, 완악할 완

麤: 거칠 추, 대강 추

疏: 드물 소, 거칠 소

해석

태공이 말하기를, "남자가 가르침을 받지 못하면 자라서 반드시 둔하고 어리석으며, 여자가 가르침을 받지 못하면 자라서 반드시 거칠고 소홀해진다."라고 하였다.

쓰기

太	公	曰	男	子	失	敎	長	必	頑	愚	女	子	失	敎	長	必
麤	疏															

7

男年長大어든 莫習樂酒하고 女年長大어든 莫令游走하라.

글자풀이

年: 해 년, 나이 년
習: 익힐 습, 버릇 습
樂: 즐길 락, 풍류 악
令: 하여금 령, 명령할 령
游: 헤엄칠 유, 놀 유
走: 달릴 주, 달아날 주

해석

남자의 나이가 자라거든 풍류와 술을 익히지 말도록 하고, 여자의 나이가 자라거든 놀러 다니지 말게 하라.

쓰기

男	年	長	大	莫	習	樂	酒	女	年	長	大	莫	令	游	走	

8

嚴父는 出孝子하고 嚴母는 出孝女니라.

글자풀이

出: 날 출(길러내다), 뛰어날 출

해석

엄한 아버지는 효자를 길러내고, 엄한 어머니는 효녀를 길러낸다.

쓰기

嚴	父	出	孝	子	嚴	母	出	孝	女							

9

憐兒어든 多與棒하고 憎兒어든 多與食하라.

글자풀이

憐: 어여삐여길 련, 불쌍히여길 련

與: 줄 여, 더불 여

憎: 미워할 증, 미움받을 증

棒: 몽둥이 봉, 칠 봉

해석

아이를 어여삐 여기거든 매를 많이 주고, 아이를 미워하거든 먹을 것을 많이 주라.

쓰기

憐	兒	多	與	棒	憎	兒	多	與	食							

10

人皆愛珠玉이나 我愛子孫賢이니라.

글자풀이

皆: 다 개, 두루미칠 개

珠: 구슬 주

해석

사람들은 다 주옥을 사랑하지만 나는 자손들이 어진 것을 사랑한다.

쓰기

人	皆	愛	珠	玉	我	愛	子	孫	賢							

제 11 편

성심편(省心篇)-上

解題

성심이란 마음을 살핀다는 뜻으로, 자기 자신과 가정의 발전 그리고 성취를 위해서는 우선 자기성찰부터 시작하여 나아가 수양에 힘써야 한다는 것이다.

1

景行錄에 云하되 寶貨는 用之有盡이요 忠孝는 享之無窮이니라.

글자풀이

寶: 보배 보, 보배로여길 보
貨: 재화 화, 뇌물줄 화
盡: 다할 진, 가령 진
享: 드릴 향, 누릴 향
窮: 다할 궁, 궁할 궁

해석

경행록에 이르기를, "보물과 재화는 씀에 다함이 있고, 충성과 효도는 누림이 무궁하다."라고 하였다.

쓰기

景	行	錄	云	寶	貨	用	之	有	盡	忠	孝	享	之	無	窮	

2

家和貧也好이고 不義면 富如何오 但存一子孝면 何用子孫多리오.

글자풀이

和: 온화할 화, 화목할 화

但: 다만 단, 거짓 탄

存: 있을 존, 보존할 존

何: 어찌 하, 무엇 하

해석

집안이 화목하면 가난해도 좋지만, 의롭지 않다면 부유한들 무엇하리오. 다만 한 아들이라도 있어 효도한다면, 자손이 많아서 무엇하리오.

쓰기

家	和	貧	也	好	不	義	富	如	何	但	存	一	子	孝	何	用
子	孫	多														

3

父不憂心은 因子孝요 夫無煩惱는 是妻賢이라.
言多語失은 皆因酒요 義斷親疏는 只爲錢이라.

글자풀이

憂: 근심 우, 병 우
因: 인할 인, 겹칠 인
煩: 번민할 번, 번거로울 번
惱: 괴로워할 뇌, 괴롭힐 뇌
妻: 아내 처, 시집보낼 처
斷: 끊을 단, 단연 단
疏: 드물 소, 멀어질 소
只: 단만 지, 말그칠 지
錢: 돈 전, 가래 전

해석

아버지가 근심하지 않음은 자식이 효도하기 때문이고, 남편이 번뇌가 없는 것은 아내가 어질기 때문이며, 말이 많고 실수하는 것은 다 술 때문이고, 의가 끊어지고 친함이 멀어짐은 단지 돈 때문이다.

쓰기

父	不	憂	心	因	子	孝	夫	無	煩	惱	是	妻	賢	言	多	語
失	皆	因	酒	義	斷	親	疏	只	爲	錢						

4

既取非常樂이어든 須防不測憂하라.

글자풀이

既: 이미 기, 쌀 희
取: 취할 취, 장가들 취

須: 모름지기 수, 반드시 수
防: 막을 방, 둑 방
測: 잴 측, 맑을 측

해석

이미 비상한 즐거움을 얻었거든 모름지기 헤아릴 수 없는 근심을 막아야 한다.

쓰기

旣	取	非	常	樂	須	防	不	測	憂							

5

得寵思辱하고 居安慮危하라.

글자풀이

寵: 굄 총, 영화 총
辱: 욕보일 욕, 욕볼 욕
居: 살 거, 있을 거
慮: 생각할 려, 걱정할 려
危: 위태할 위, 위태롭게할 위

해석

영화를 얻었거든 욕될 것을 생각하고, 편안함에 살거든 위태할 것을 생각해야 한다.

쓰기

得	寵	思	辱	居	安	慮	危									

6

榮輕辱淺이요 利重害深이니라.

글자풀이

榮: 영화 영, 번영할 영
輕: 가벼울 경, 가벼이여길 경
俴: 얕을 천, 엷을 천
利: 이로울 이, 이 이
重: 무거울 중, 겹칠 중
害: 해칠 해, 어느 할
深: 깊을 심, 깊게할 심

해석

영화가 가벼우면 욕됨도 얕고, 이익이 무거우면 손해도 깊다.

쓰기

榮	輕	辱	淺	利	重	害	深									

7

甚愛必甚費요 甚譽必甚毁요 甚喜必甚憂요 甚贓必甚亡이니라.

글자풀이

甚: 심할 심, 무엇 심
費: 쓸비, 소모할 비
譽: 명예 예, 기릴 예
毁: 헐 훼, 무너질 훼
喜: 기쁠 희, 좋아할 희
贓: 장물 장, 뇌물받을 장

해석

심하게 사랑하면 반드시 심하게 소모하고, 심하게 칭찬받으면 반드시 심하게 헐뜯어지고, 심하게 기쁘면 반드시 심하게 근심하고, 심하게 뇌물 받으면 반드시 심하게 망한다.

쓰기

甚	愛	必	甚	費	甚	譽	必	甚	毁	甚	喜	必	甚	憂	甚	贓
必	甚	亡														

8

子曰 不觀高崖면 何以知顚墜之患이며 不臨深淵이면

何以知沒溺之患이며 不觀巨海면 何以知風波之患이리오.

글자풀이

觀: 볼 관, 모양 관
崖: 낭떠러지 애, 모날 애
顚: 머리 전, 넘어질 전
墜: 떨어질 추, 무너질 추
患: 근심 환, 앓을 환
臨: 임할 림, 병거 림
淵: 못 연, 깊을 연
沒: 빠질 몰, 없을 몰
溺: 빠질 닉, 오줌 뇨
巨: 클 거, 많을 거
波: 물결 파, 물결일 파

해석

공자가 말하기를, "높은 낭떠러지를 보지 않으면 어찌 굴러 떨어지는 근심을 알며, 깊은 못에 가지 않으면 어찌 물에 빠지는 근심을 알며, 큰 바다를 보지 않으면 어찌 풍파의 근심을 알리오."라고 하였다.

쓰기

子	曰	不	觀	高	崖	何	以	知	顚	墜	之	患	不	臨	深	淵
何	以	知	沒	溺	之	患	不	觀	巨	海	何	以	知	風	波	之
患																

9

欲知未來커든 先察已然이니라.

글자풀이

察: 살필 찰, 드러날 찰
已: 이미 이, 그칠 이
然: 그럴 연, 그러나 연

참고

□ 已然: 이미 그러함, 즉 지나간 일

해석

미래를 알고자 하거든 먼저 지나간 일을 살펴라.

쓰기

欲	知	未	來	先	察	已	然									

10

子曰 明鏡은 所以察形이요 往者는 所以知今이니라.

글자풀이

鏡: 거울 경, 비출 경
形: 얼굴 형, 형상 형
往: 갈 왕, 예 왕
知: 알 지, 맡을 지
今: 이제 금, 곧 금

참고

□ 所以: 까닭, 수단

해석

공자께서 말하기를, "밝은 거울은 형상을 살피는 수단이고, 지나간 일은 지금을 아는 수단이다."라고 하였다.

쓰기

子	曰	明	鏡	所	以	察	形	往	者	所	以	知	今			

11

過去事는 明如鏡이요 未來事는 暗似漆이니라.

글자풀이

過: 지날 과, 허물 과
暗: 어두울 암, 몰래 암
似: 같을 사, 흉내낼 사
漆: 옻나무 칠, 옻칠 칠

해석

지나간 일은 밝은 거울 같고, 미래의 일은 어둡기가 칠흑같다.

쓰기

過	去	事	明	如	鏡	未	來	事	暗	似	漆					

12

景行錄에 云하되 明朝之事를 薄暮에 不可必이요
薄暮之事를 晡時에 不可必이니라.

글자풀이

朝: 아침 조, 조정 조
薄: 숲 박, 얇을 박
暮: 저물 모, 늦을 모
晡: 신시(申時) 포, 저녁 포

참고

□ 薄暮: 날 저물 때
□ 不可必: 기필할 수 없다, 즉 반드시 그렇게 될 것으로 알 수 없다.
□ 晡時: 申時, 즉 오후 3~5시.

해석

경행록에 이르기를, "내일 아침 일을 저물 때에 반드시 알 수는 없으며, 저물 때의 일을 포

시에 반드시 알 수는 없다."라고 하였다.

쓰기

景	行	錄	云	明	朝	之	事	薄	暮	不	可	必	薄	暮	之	事
晡	時	不	可	必												

13

天有不測風雨하고 人有朝夕禍福이니라.

글자풀이

夕: 저녁 석, 밤 석

해석

하늘에는 예측할 수 없는 비바람이 있고, 사람에게는 아침 저녁으로 화와 복이 있다.

쓰기

天	有	不	測	風	雨	人	有	朝	夕	禍	福					

14

未歸三尺土하야 難保百年身이요 已歸三尺土하야 難保百年墳이니라.

글자풀이

歸: 돌아갈 귀, 불좇을 귀
尺: 자 척, 편지 척
難: 어려울 난, 난리 난
保: 보전할 보, 지킬 보.
墳: 무덤 분, 언덕 분

해석

아직 석 자 흙으로 돌아가기 전에는 백 년 동안 몸을 보존하기 어렵고, 이미 석 자 흙 속으로 돌아가서는 백 년 동안 무덤을 보존하기가 어렵다.

쓰기

未	歸	三	尺	土	難	保	百	年	身	已	歸	三	尺	土	難	保
百	年	墳														

15

景行錄에 云하되 木有所養이면 則根本固而枝葉茂하여

棟樑之材成하고 水有所養이면 則泉源壯而流派長하여
灌漑之利博하고 人有所養이면 則志氣大而識見明하여
忠義之士出이니 可不養哉아.

글자풀이

養: 기를 양, 다스릴 양
根: 뿌리 근, 근본 근
本: 밑 본, 근원 본
固: 굳을 고, 진실로 고
枝: 가지 지,지지 지
葉: 입 엽, 대 엽
茂: 우거질 무, 성할 무
棟: 마룻대 동, 용마루 동
樑: 들보 량
材: 재목 재, 쓸 재
泉: 샘 천, 돈 천
源: 수원 원, 근원 원
壯: 씩씩할 장, 장할 장
灌: 물댈 관, 따를 관
漑: 물댈 개, 씻을 개
博: 넓을 박, 많을 박
識: 알 식, 적을 지
哉: 비롯할 재, 어조사 재

해석

경행록에 이르기를, "나무는 다스리는 바가 있으면(잘 다스리면) 뿌리가 튼튼하고 가지와 잎이 무성하여 기둥과 대들보의 재목을 이루고, 물을 잘 다스리면 샘의 근원이 장하고 흐름이 길어서 물대는 이익이 넓어지고, 사람은 잘 기르면 지기(志氣)가 크고 식견이 밝아져서 충성스럽고 의로운 선비가 나오니, 가히 기르지 않을 수 있으랴."라고 하였다.

쓰기

景	行	錄	云	木	有	所	養	則	根	本	固	而	枝	葉	茂	棟

樑	之	材	成	水	有	所	養	則	泉	源	壯	而	流	派	長	灌
漑	之	利	博	人	有	所	養	則	志	氣	大	而	識	見	明	忠
義	之	士	出	可	不	養	哉									

16

自信者는 人亦信之하나니 吳越이 皆兄弟요
自疑者는 人亦疑之하나니 身外는 皆敵國이니라.

글자풀이

信: 믿을 신, 맡길 신
吳: 오나라 오, 땅이름 오
疑: 의심할 의, 두려워할 의
敵: 원수 적, 필적할 적

참고

□ 吳越: 중국 戰國시대의 吳나라와 越나라. 양국은 여러 차례 전쟁을 벌이며 계속 원수 관계에 있었다.

해석

스스로 믿는 자는 남도 또한 그를 믿기에 오나라와 월나라 같은 원수지간도 다 형제가 되고, 스스로 의심하는 자는 남도 또한 의심하여 자기 이외에는 다 적국이 된다.

쓰기

自	信	者	人	亦	信	之	吳	越	皆	兄	弟	自	疑	者	人	亦
疑	之	身	外	皆	敵	國										

17

疑人莫用하고 用人勿疑니라.

해석

사람을 의심하면 쓰지 말고, 사람을 썼거든 의심하지 말라.

쓰기

疑	人	莫	用	用	人	勿	疑									

18

諷諫에 云하되 水底魚天邊雁은 高可射兮低可釣이어니와
惟有人心咫尺間이라도 咫尺心은 不可料니라.

글자풀이

諷: 욀 풍, 변죽울릴 충
諫: 간할 간, 헐뜯을 란
底: 밑 저, 바닥 저
邊: 가 변, 변방 변
雁: 기러기 안
射: 쏠 사, 벼슬이름 야
兮: 어조사 혜
低: 낮을 저, 머무를 저
釣: 낚시 조, 낚시 조
咫: 여덟치 지
料: 헤아릴 료, 요금 료

참고

□ 諷諫: 책 이름. 작자 및 연대 미상.

해석

풍간에 이르기를, "물 밑의 고기와 하늘가의 기러기는 높은 데 있는 것은 쏠 수 있고 낮은 데 있는 것은 낚시질 할 수 있으나, 오직 사람의 마음은 지척 사이에 있어도 지척에 있는 사람의 마음을 헤아릴 수 없다."라고 하였다.

쓰기

諷	諫	云	水	底	魚	天	邊	雁	高	可	射	兮	低	可	釣	惟
有	人	心	咫	尺	間	咫	尺	心	不	可	料					

19

畵虎畵皮難畵骨이요 知人知面不知心이니라.

글자풀이

畵: 그림 화, 그릴 화
虎: 범 호
皮: 가죽 피, 껍질 피
骨: 뼈 골, 뼈대 골
面: 낯 면, 향할 면

해석

호랑이를 그리되 가죽은 그리나 뼈는 그리기 어렵고, 사람을 알되 얼굴은 알지만 마음은 알지 못한다.

쓰기

畵	虎	畵	皮	難	畵	骨	知	人	知	面	不	知	心			

20

對面共話하되 心隔千山이니라.

글자풀이

對: 마주볼 대, 짝 대
共: 함께 공, 함께할 공
話: 이야기 화, 이야기할 화
隔: 막을 격, 뜰 격

해석

얼굴을 대하고 함께 이야기하되 마음은 천 개의 산이 막혀있다.

쓰기

對	面	共	話	心	隔	千	山									

21

海枯終見底나 人死不知心이니라.

글자풀이

枯: 마를 고, 말릴 고

終: 마칠 종, 끝 종

해석

바다는 마르면 마침내 바닥을 보이지만, 사람은 죽더라도 마음을 알지 못한다.

쓰기

海	枯	終	見	底	人	死	不	知	心							

22

太公이 曰 凡人不可逆相이요 海水不可斗量이니라.

글자풀이

凡: 무릇 범, 대강 범
逆: 거슬릴 역, 미리 역
相: 서로 상, 볼 상
斗: 말 두, 갑자기 두
量: 양 량, 헤아릴 양

참고

□ 逆相: 앞날의 운명을 미리 헤아리다.
□ 斗量: 말로 되다.

해석

태공이 말하기를, "무릇 사람은 미리 앞날을 헤아릴 수 없고, 바닷물은 말(斗)로 될 수 없다"라고 하였다.

쓰기

太	公	曰	凡	人	不	可	逆	相	海	水	不	可	斗	量		

23

景行錄에 云하되 結怨於人을 謂之種禍요
捨善不爲를 謂之自賊이니라.

글자풀이

結: 맺을 결, 매듭 결
怨: 원망할 원, 원수 원
於: 어조사 어(…에게)
謂: 이를 위, 까닭 위
種: 씨 종, 심을 종
捨: 버릴 사, 베풀 사
爲: 할 위, 될 위, 위할 위
賊: 도둑 적, 해칠 적

해석

경행록에 이르기를, "남과 원수를 맺는 것을 일러 재앙을 심는다고 하고, 선을 버리고 행하지 않는 것을 일러 스스로 해친다고 한다."라고 하였다.

쓰기

景	行	錄	云	結	怨	於	人	謂	之	種	禍	捨	善	不	爲	謂
之	自	賊														

24

若聽一面說이면 便見相離別이니라.

글자풀이

若: 만약 약, 같을 약
聽: 들을 청, 기다릴 청
便: 편할 편, 문득 변
離: 떠날 리, 떨어질 리
別: 다를 별, 떠날 별

해석

만약에 한편의 말만 들으면 문득 서로 이별하게 됨을 당할 것이다.

쓰기

若	聽	一	面	説	便	見	相	離	別							

25

飽煖엔 思淫慾하고 飢寒엔 發道心이니라.

글자풀이

飽: 배부를 포, 만족할 포
煖: 따뜻할 난, 따뜻이할 난
淫: 담글 음, 음탕할 음
慾: 욕심 욕, 탐낼 욕
飢: 주릴 기, 흉년들 기
寒: 찰 한, 궁할 한
發: 쏠 발, 일어날 발
道: 길 도, 도 도

참고

□ 道心: 도덕적 마음 또는 도를 수행하려는 마음.

해석

배부르고 따뜻함에서 음탕한 욕심을 생각하고, 굶주리고 추운 데서 도심(道心)이 일어난다.

쓰기

飽	煖	思	淫	慾	飢	寒	發	道	心							

26

疏廣이 曰 賢人多財則損其志하고 愚人多財則益其過니라.

글자풀이

廣: 넓을 광, 넓힐 광
財: 재물 재, 재화 재
損: 덜 손, 잃을 손
益: 더할 익, 이로울 익
過: 허물 과, 지날 과

참고

□ 疏廣: 중국 前漢 때의 名臣. 자는 仲翁. 宣帝 때 太傅의 벼슬에 있다가 그만두자 선제가 많은 재물을 내렸는데, 이를 아낌없이 친구들에게 나누어주었다. 이 때 한 사람이 왜 재물을 자손에게 물려주지 않느냐고 묻자 바로 위와 같이 대답했다고 한다.

해석

소광이 말하기를, "어진 사람이 재물이 많으면 그 뜻을 손상하고, 어리석은 사람이 재물이 많으면 그 허물을 더하게 된다."라고 하였다.

쓰기

疏	廣	曰	賢	人	多	財	則	損	其	志	愚	人	多	財	則	益
其	過															

27

人貧智短하고 福至心靈이니라.

글자풀이

貧: 가난할 빈, 모자랄 빈
智: 슬기 지, 슬기로울 지
短: 짧을 단, 흉 단

至: 이를 지, 지극할 지
靈: 신령 령, 영혼 령

해석

사람은 가난하면 지혜가 짧아지고, 복이 이르면 마음이 밝아진다.

쓰기

人	貧	智	短	福	至	心	靈									

28

不經一事면 不長一智니라.

글자풀이

經: 날 경, 지낼 경

長: 길 장, 자랄 장

해석

한 가지 일을 경험하지 않으면 하나의 지혜가 자라지 않는다.

쓰기

不	經	一	事	不	長	一	智									

29

是非終日有라도 不聽이면 自然無니라.

글자풀이

是: 이 시, 옳을 시

非: 아닐 비, 그를 비

해석

시비가 하루 종일 있어도 듣지 않으면 저절로 없어진다.

쓰기

是	非	終	日	有	不	聽	自	然	無							

30

來說是非者는 便是是非人이니라.

참고

□ 便是: 바로 … 이다.

해석

와서 시비(是非)를 말하는 자가 바로 시비하는 사람이다.

쓰기

來	說	是	非	者	便	是	是	非	人							

31

擊壤詩에 云하되 平生에 不作皺眉事하면 世上에 應無切齒人이니 大名을 豈有鐫頑石가 路上行人이 口勝碑니라.

글자풀이

擊: 칠 격, 부딪칠 격
壤: 고운흙 양, 땅 양
皺: 주름 추, 주름잡힐 추
眉: 눈썹 미, 가 미
應: 응할 응, 응당 응
切: 벨 절, 온통 체
齒: 이 치, 나이 치
豈: 어찌 기, 그 기
鐫: 새길 전, 물리칠 전
頑: 완고할 완, 탐할 완
路: 길 로, 고달플 로
勝: 이길 승, 나을 승
碑: 비 비, 비문 비

해석

격양시에 이르기를, "평생에 눈썹 찌푸리는 일을 하지 않으면 세상에 응당 이를 갈 사람은 없을 것이니, 큰 이름을 어찌 무딘 돌에 새길 것인가? 길가는 사람의 입이 비석보다 낫다."라고 하였다.

쓰기

擊	壤	詩	云	平	生	不	作	皺	眉	事	世	上	應	無	切	齒
人	大	名	豈	有	鐫	頑	石	路	上	行	人	口	勝	碑		

32

有麝自然香이니 何必當風立이니라.

글자풀이

麝: 사향노루 사
香: 향기 향, 향 향
當: 당할 당, 대할 당, 마당할 당
立: 설 립, 곧 립

해석

사향을 가지고 있으면 자연히 향기로운데, 어찌 반드시 바람을 맞이하여 서랴.

쓰기

有	麝	自	然	香	何	必	當	風	立							

33

有福莫享盡하라 福盡身貧窮이요 有勢莫使盡하라
勢盡寃相逢이니라 福兮常自惜하고 勢兮常自恭하라
人生驕與侈는 有始多無終이니라.

글자풀이

窮: 궁구할 궁, 다할 궁
勢: 세력 세, 기세 세
使: 하여금 사, 부릴 사
寃: 원통할 원, 원할 원
逢: 만날 봉, 맞을 봉
惜: 아낄 석, 애처롭게여길 석
恭: 공손할 공, 받들 공
驕: 씩씩할 교, 교만할 교
與: 줄 여, 더불 여
侈: 사치할 치, 클 치
始: 처음 시, 비록할 시

해석

복이 있어도 다 누리지 말라. 복이 다하면 몸이 빈궁해진다. 권세가 있어도 다 부리지 말라. 권세가 다하면 원수와 시로 만난다. 복은 항상 스스로 이끼고 권세는 항상 스스로 공손하라. 인생의 교만과 사치는 처음은 있으나 대개 끝이 없다.

쓰기

有	福	莫	享	盡	福	盡	身	貧	窮	有	勢	莫	使	盡	勢	盡
寃	相	逢	福	兮	常	自	惜	勢	兮	常	自	恭	人	生	驕	與
侈	有	始	多	無	終											

34

王參政四留銘에 曰 留有餘不盡之巧하야 以還造物하고

留有餘不盡之祿하야 以還朝廷하고 留有餘不盡之財하야 以還百姓하고 留有餘不盡之福하야 以還子孫이니라.

글자풀이

參: 섞일 참, 참여할 참, 석 삼
政: 정사 정, 법 정
留: 머무를 류, 뒤질 류
餘: 나머지 여, 남을 여
盡: 다할 진, 가령 진
巧: 공교할 교, 재주 교
還: 돌아올 환, 다시 환
造: 지을 조, 시작할 조
祿: 복 록, 녹 록
廷: 조정 정, 마을 정
姓: 성 성, 겨레 성.

참고

□ 王參政: 중국 北宋 때의 정치가. 이름은 旦.
□ 四留銘: 네 가지 남겨둠에 대한 銘文.

해석

왕참정 사유명에 이르기를, "나머지를 두어 다 쓰지 않은 재주를 남겼다가 조물주에게 돌려주고, 나머지를 두어 다 쓰지 않은 봉록을 남겼다가 조정에 돌려주고, 나머지를 두어 다 쓰지 않은 재산을 남겼다가 백성에게 돌려주고, 나머지를 두어 다 쓰지 않은 복을 남겼다가 자손에게 돌려주라."라고 하였다.

쓰기

王	參	政	四	留	銘	曰	留	有	餘	不	盡	之	巧	以	還	造

物	留	有	餘	不	盡	之	祿	以	還	朝	廷	留	有	餘	不	盡
之	財	以	還	百	姓	留	有	餘	不	盡	之	福	以	還	子	孫

35

黃金千兩이 未爲貴요 得人一語가 勝千金이니라

글자풀이

黃: 누를 황, 황금 황

勝: 이길 승, 나을 승

해석

황금 천 냥이 귀한 것이 아니고, 남의(좋은) 말 한마디 듣는 것이 천금보다 낫다.

쓰기

黃	金	千	兩	未	爲	貴	得	人	一	語	勝	千	金			

36

巧者는 拙之奴요 苦者는 樂之母니라.

글자풀이

拙: 졸할 졸
奴: 종 노, 놈 노
苦: 쓸 고, 괴로워할 고

해석

재주라는 것은 졸렬함의 종(奴)이요, 괴로움은 즐거움의 어머니이다.

쓰기

巧	者	拙	之	奴	苦	者	樂	之	母							

37

小船은 難堪重載요 深逕은 不宜獨行이니라.

글자풀이

船: 배 선
難: 어려울 난, 난리 난
堪: 견딜감, 맡을 감
載: 실을 재, 해 재(年)
深: 깊을 심, 깊이 심
逕: 좁은길 경, 지날 경
宜: 옳을 의, 마땅할 의
獨: 홀로 독

해석

작은 배는 무겁게 싣는 것을 견디기 어렵고, 깊고 으슥한 길은 혼자 다니지 말아야 한다.

쓰기

小	船	難	堪	重	載	深	逕	不	宜	獨	行					

38

黃金이 未是貴요 安樂이 値錢多니라.

글자풀이

値: 만날 치, 값 치

錢: 돈 전, 가래 전

해석

황금은 귀한 것이 아니고, 안락함이 (그보다) 값어치가 (더) 많다.

쓰기

黃	金	未	是	貴	安	樂	値	錢	多							

39

在家에 不會邀賓客이면 出外에 方知少主人니라.

글자풀이

會: 모일 회, 깨달을 회
邀: 맞이할 요, 구할 요
賓: 손 빈, 대접할 빈
方: 모 방, 바야흐로 방.

참고

□ 不會: …할 줄 모르다.

해석

집에서 손님을 맞아 대접할 줄 모르면, 밖에 나가서 비로소 주인이 적음을 알게 된다.

쓰기

在	家	不	會	邀	賓	客	出	外	方	知	少	主	人			

40

貧居鬧市無相識이요 富住深山有遠親이니라.

글자풀이

居: 살 거, 있을 거
鬧: 시끄러울 뇨, 들렐 뇨
識: 알 식, 적을 지
住: 머무를 주, 그칠 주
遠: 멀 원, 멀리할 원

해석

가난하면 시끄러운 시장에 살아도 서로 아는 이가 없고, 부유하면 깊은 산 속에 살아도 먼 데서 찾아오는 친지가 있다.

쓰기

貧	居	鬧	市	無	相	識	富	住	深	山	有	遠	親			

41

人義는 盡從貧處斷이요 世情은 便向有錢家니라.

글자풀이

盡: 다할 진, 가령 진
從: 좇을 종, 부터 종
處: 곳 처, 머무를 처
斷: 끊을 단, 단연 단

情: 뜻 정, 인정 정
便: 편할 편, 곧 변
向: 향할 향, 방향 향

해석

사람의 의리는 다 가난한 데서 끊어지고, 세상 인정은 곧 돈 있는 집으로 향한다.

쓰기

人	義	盡	從	貧	處	斷	世	情	便	向	有	錢	家			

42

寧塞無底缸이언정 難塞鼻下橫이니라.

글자풀이

寧: 차라리 녕, 편안할 녕
塞: 막을 색, 변방 새
底: 밑 저, 바닥 저
缸: 항아리 항
鼻: 코 비, 시초 비
橫: 가로 횡, 가로놓일 횡

참고

□ 鼻下橫: 코밑에 가로놓인 것, 즉 입.

해석

차라리 밑 빠진 독은 막을지언정 코밑에 가로놓인 입은 막기 어렵다.

쓰기

寧	塞	無	底	缸	難	塞	鼻	下	橫							

43

人情은 皆爲窘中疏니라.

글자풀이

皆: 다 개, 두루미칠 개
窘: 군색할 군, 괴로울 군
疏: 멀어질 소, 드물 소

해석

인정은 다 군색한 데서 멀어진다.

쓰기

人	情	皆	爲	窘	中	疏										

44

史記에 曰 郊天禮廟에 非酒不享이요 君臣朋友에 非酒不義요 鬪爭相和에 非酒不勸이라 故로 酒有成敗而不可泛飮之니라.

글자풀이

史: 시간 사, 속관 사
記: 적을 기, 기억할 기
郊: 성밖 교, 제사지낼 교
廟: 사당 묘, 묘당 묘
享: 누릴 향, 드릴 향
鬪: 싸울 투, 싸움 투
爭: 다툴 쟁, 어찌 쟁
勸: 권할 권, 인도할 권
敗: 패할 패, 무너질 패
泛: 뜰 범, 엎을 봉
飮: 마실 음, 마실 것 음

참고

□ 泛飮(봉음): 엎어지도록 마시다.

해석

사기에 말하기를, "하늘에 제사지내고 사당에 제사지냄에 술이 아니면 흠향하지 않고, 임금과 신하나 벗 사이에도 술이 아니면 의롭게 되지 않고, 싸우고 서로 화해하는 데도 술이 아니면 권하지 못한다. 그러므로 술에는 성공과 실패가 있으되 가히 엎어지도록 마셔서는 안된다."라고 하였다.

쓰기

史	記	曰	郊	天	禮	廟	非	酒	不	享	君	臣	朋	友	非	酒
不	義	鬪	爭	相	和	非	酒	不	勸	故	酒	有	成	敗	而	不
可	泛	飮	之													

45

子曰 士志於道而恥惡衣惡食者는 未足與議也이니라.

글자풀이

於: 어조사 어(…에)

恥: 부끄러워할 치

足: 발 족, 족할 족

議: 의논할 의

해석

공자가 말하기를, "선비가 도에 뜻을 두면서 나쁜 옷을 입고 나쁜 음식을 먹는 것을 부끄러워하는 자는 더불어 의논하기에 족하지 못하다."라고 하였다.

쓰기

子	曰	士	志	於	道	而	恥	惡	衣	惡	食	者	未	足	與	議
也																

46

荀子曰 士有妬友則賢交不親하고 君有妬臣則賢人不至니라.

글자풀이

妬: 강새암할 투, 시새울 투
賢: 어질 현, 어신이 현
臣: 신하 신, 신하로삼을 신
至: 이를 지, 지극할 지

해석

순자가 말하기를, "선비가 벗을 질투하면 어진 벗과 사귀어 친할 수 없고, 임금이 신하를 질투하면 어진 사람이 이르지 않는다."라고 하였다.

쓰기

荀	子	曰	士	有	妬	友	則	賢	交	不	親	君	有	妬	臣	則
賢	人	不	至													

47

天不生無祿之人하고 地不長無名之草이니라.

글자풀이

祿: 복 록, 녹 록

長: 길 장, 기를 장

해석

하늘은 녹 없는 사람을 내지 않고, 땅은 이름 없는 풀을 기르지 않는다.

쓰기

天	不	生	無	祿	之	人	地	不	長	無	名	之	草			

48

大富는 由天하고 小富는 由勤이니라.

글자풀이

富: 부자 부, 넉넉할 부
由: 말미암을 유, 좇을 유
勤: 부지런할 근, 힘쓸 근

해석

큰 부자는 하늘에 말미암고, 작은 부자는 부지런함에 말미암는다.

쓰기

大	富	由	天	小	富	由	勤									

49

成家之兒는 惜糞如金하고 敗家之兒는 用金如糞이니라.

글자풀이

惜: 애처롭게여길 석
糞: 똥 분, 거름줄 분
兒: 아이 아, 어근사 아

해석

집을 이룰 아이는 똥 아끼기를 금같이 하고, 집을 망칠 아이는 돈 쓰기를 똥같이 한다.

쓰기

成	家	之	兒	惜	糞	如	金	敗	家	之	兒	用	金	如	糞	

50

康節邵先生이 曰 閑居에 愼勿說無妨하라 纔說無妨便有妨이니라 爽口物多能作疾이요 快心事過必有殃이라 與其病後能服藥으론 不若病前能自防이니라.

글자풀이

閑: 틈 한, 한가할 한
愼: 삼갈 신, 진실로 신
勿: 없을 무, 말 물
妨: 거리낄 방, 헤살놓을 방
纔: 겨우 재, 조금 재
便: 편할 편, 끝 변
爽: 시원할 상, 밝을 상
疾: 병 질, 괴로움 질
快: 쾌할 쾌, 빠를 쾌
殃: 재앙 앙, 패할 앙
服: 옷 복, 복용할 복
藥: 약 약, 약쓸 약
前: 앞 전, 인도할 전
防: 막을 방, 둑 방

참고

□ 與其~, 不若…: ~하는 것 보다, …하는 것이 낫다.

해석

강절 소선생이 말하기를, "한가하게 살 때 삼가 거리낌이 없다고 말하지 말라. 막 거리낌이 없다고 하자 곧 거리낌이 생긴다. 입에 상쾌한 음식이라도 많이 먹지 말라. 능히 병을 만들 수 있다. 마음에 상쾌한 일이라도 지나치면 반드시 재앙이 있다. 병든 후에 능히 약 먹을 수 있느니 보다는 병나기 전에 능히 스스로 막는 것이 낫다."라고 하였다.

쓰기

康	節	邵	先	生	曰	閑	居	愼	勿	說	無	妨	纔	說	無	妨
便	有	妨	爽	口	勿	多	能	作	疾	快	心	事	過	必	有	殃
與	其	病	後	能	服	藥	不	若	病	前	能	自	防			

51

梓童帝君垂訓에 曰 妙藥도 難醫寃債病이요 橫財도 不富命窮人이라 生事事生을 君莫怨하고 害人人害를 汝休嗔하라 天地自然皆有報하니 遠在兒孫近在身이니라.

글자풀이

梓: 가래나무 재, 목수 재

童: 아이 동, 종 동

垂: 늘어질 수, 드리울 수

訓: 가르칠 훈, 새김 훈

妙: 묘할 묘, 젊을 묘
醫: 의원 의, 고칠 의
寃: 원통할 원, 원한 원
債: 빚 채, 빚돈 채
財: 재물 재, 재화 재
窮: 다할 궁, 궁구할 구
怨: 원망할 원, 원한 원
汝: 너 여, 물이름 여
休: 쉴 휴, 말 휴
嗔: 성낼 진, 설할 전

참고

□ 梓童帝君: 道家에서 神으로 받드는 인물. 성명 및 연대는 미상.

해석

재동제군이 교훈을 내려 말하기를, "신묘한 약도 원한의 병은 고치기 어렵고, 뜻밖에 생기는 재물도 운명이 궁한 사람을 부유하게 하지는 못한다. 일을 만들어 일이 생긴 것을 그대는 원망하지 말고, 남을 해쳐서 남이 나를 해치는 것을 그대는 성내지 말라. 천지자연은 다 갚음이 있으니, 멀게는 자손에 있고 가깝게는 자신에게 있다."라고 하였다.

쓰기

梓	童	帝	君	垂	訓	曰	妙	藥	難	醫	寃	債	病	横	財	不
富	命	窮	人	生	事	事	生	君	莫	怨	害	人	人	害	汝	休
嗔	天	地	自	然	皆	有	報	遠	在	兒	孫	近	在	身		

52

花落花開開又落하고 錦衣布衣更換着이라
豪家未必常富貴요 貧家未必長寂寞이라
扶人未必上青霄요 推人未必塡溝壑이라
勸君凡事를 莫怨天하라 天意於人에 無厚薄이니라.

글자풀이

落: 떨어질 락, 이룰 락
開: 열 개, 필 개
又: 또 우, 또할 우
錦: 비단 금, 비단옷 금
布: 베 포, 베풀 포
更: 고칠 경, 바꿀 경, 다시 갱
換: 바꿀 환, 고칠 환
着: 입을 착, 붙을 착
豪: 호저 호, 호화스러울 호
寂: 고요할 적, 편안힐 적
寞: 쓸쓸할 막
扶: 도울 부, 붙들 부
霄: 하늘 소, 구름기 소
推: 밀 추, 밀 퇴
塡: 메울 전, 채울 전
溝: 도랑 구, 시내 구
壑: 구렁 학
凡: 무릇 범, 대강 범
於: 어조사 어(…에게)
厚: 두터울 후, 두께 후
薄: 얇을 박, 적을 박

해석

꽃은 지었다가 피고, 피었다가 또 진다. 비단옷도 다시 베옷으로 바꿔 입는다. 호화로운 집도 반드시 늘 부귀한 것은 아니고, 가난한 집도 반드시 오래 적막하지는 않다. 사람을 붙들어 올려도 반드시 푸른 하늘에 올라가지는 못하고, 사람을 밀어뜨려도 반드시 깊은 구렁에 굴러 떨어지지만은 않는다. 그대에게 권하노니 모든 일에 하늘을 원망하지 말라. 하늘의 뜻은 사람들에게 후하고 박함이 없다.

쓰기

花	落	花	開	開	又	落	錦	衣	布	衣	更	換	着	豪	家	未
必	常	富	貴	貧	家	未	必	長	寂	霄	扶	人	未	必	上	青
霄	推	人	未	必	塡	溝	壑	勸	君	凡	事	莫	怨	天	天	意
於	人	無	厚	薄												

53

堪歎人心毒似蛇라 誰知天眼轉如車요

去年妄取東隣物이니 今日還歸北舍家라

無義錢財湯潑雪이요 儻來田地水推沙니라

若將狡譎爲生計면 恰似朝開暮落花이라.

글자풀이

堪: 견딜 감, 받을 감

歎: 한숨쉴 탄, 칭찬할 탄

毒: 독 독, 해칠 독

似: 같을 사, 흉내낼 사

蛇: 뱀 사, 구불구불할 이

誰: 누구 수, 물을 수

眼: 눈 안, 볼 안

轉: 구를 전, 넘어질 전

妄: 허망할 망, 거짓 망

取: 취할 취, 장가들 취

隣: 이웃 린, 이웃할 린	沙: 모래 사, 모래일 사
還: 돌아올 환, 도리어 환	若: 만약 약, 같을 약
舍: 집 사, 여관 사	將: 장차 장, 장수 장
湯: 끓인물 탕, 끓일 탕	狡: 간교할 교, 미칠 교
潑: 뿌릴 발, 솟아날 발	譎: 속일 휼, 거딧 휼
雪: 눈 설, 싯을 설	恰: 꼭 흡, 새우는소리 흡
儻: 갑자기 당, 기개있을 당	暮: 저물 모, 늦을 모

참고

□ 堪歎: 한탄하여 마지 않음

해석

사람의 마음이 독하기가 뱀 같음을 한탄하여 마지 않는다. 누가 알리오! 하늘의 눈이 돌아가는 것이 수레같음을. 지난해에 망령되게 동쪽 이웃의 물건을 취하더니 오늘은 북쪽 집으로 돌아갔구나. 불의로 얻은 돈과 재물은 끓는 물에 뿌리는 눈이고, 갑자기 온 전지(田地)는 물에 밀려온 모래와 같다. 만일 장차 간교한 속임수로 생계를 삼는다면 마치 아침에 피었다가 저녁에 지는 꽃과 같은 것이다.

쓰기

堪	歎	人	心	毒	似	蛇	誰	知	天	眼	轉	如	車	去	年	妄
取	東	隣	物	今	日	還	歸	北	舍	家	無	義	錢	財	湯	潑
雪	儻	來	田	地	水	推	若	將	狡	譎	爲	生	計	恰	似	朝

開	暮	落	花													

54

無藥可醫卿相壽요 有錢難買子孫賢이니라.

글자풀이

卿: 벼슬 경, 경 경

相: 서로 상, 정승 상

壽: 수 수, 수할 수

買: 살 매, 세낼 매

해석

정승의 목숨을 고칠 수 있는 약은 없고, 돈이 있어도 자손의 현명함은 사기 어렵다.

쓰기

無	藥	可	醫	卿	相	壽	有	錢	難	買	子	孫	賢			

55

一日清閑이면 一日仙이니라.

글자풀이

清: 맑을 청, 깨끗할 청

仙: 신선 선, 뛰어날 선

해석

하루라도 마음이 맑고 한가로우면 그 하루는 신선이 되는 것이다.

쓰기

一	日	清	閑	一	日	仙										

제 12 편

성심편(省心篇)-下

1

眞宗皇帝御製에 曰 知危識險이면 終無羅網之門이요 擧善薦賢이면 自有安身之路라 施仁布德은 乃世代之榮昌이요 懷妬報冤은 與子孫之爲患이라 損人利己면 終無顯達雲仍이요 害衆成家면 豈有長久富貴리오 改名異體는 皆因巧語而生이요 禍起傷身은 皆是不仁之召니라.

글자풀이

御: 오거할 어, 모실 어
製: 지을 제, 만들제
危: 위태험할 위, 위구할 위
識: 알 식, 적을 지
險: 험할 험, 음흉할 험
羅: 그물 라, 늘어설 라
網: 그물 망, 그물질할 망
擧: 들 거, 올릴 거
薦: 드릴 천, 천거할 천
施: 베풀 시, 옮을 이
布: 베 포, 베풀 포
乃: 이에 내, 어조사 내
榮: 영화 영, 번영할 영
昌: 창성할 창, 착할 창
懷: 품을 회, 다를 회
妬: 강새암할 투, 시새울 투
冤: 원통할 원, 원한 원
與: 줄 여, 더불 여
損: 덜 손, 잃을 손
利: 이로울 이, 이 이
顯: 밝을 현, 나타날 현
達: 통할 달, 달할 달
仍: 인할 잉, 오히려 잉
衆: 무리 중, 많을 중
豈: 어찌 기, 그 기
久: 오랠 구, 막을 구
改: 고칠 개, 고쳐질 개
異: 다를 이, 괴이할 이
因: 인할 인, 겹칠 인
起: 일어설 기, 일어날 기
傷: 다칠 상, 해칠 상
召: 부를 소, 부름 소

참고

□ 眞宗皇帝(968~1022): 중국 北宋의 3대 임금. 이름은 恒. 거란과의 오랜 분쟁을 해결했고, 문물을 융성시킨 것으로도 유명하다.

□ 御製: 임금이 지은 글

□ 羅網: 법망

□ 世代: 대대로

□ 雲仍: 자손

해석

진종황제 어제에 이르기를, "위태로움을 알고 험함을 알면 끝내 법망에 걸림이 없고, 착한 이를 천거하고 어진 이를 천거하면 스스로 몸이 편안할 길이 있다. 인(仁)을 베풀고 덕을 폄은 바로 대대로 번영함이요, 시기하는 마음을 품고 원한을 보복함은 자손에게 근심이 된다. 남을 해치고 자기를 이롭게 하면 결국 현달하는 자손이 없고, 여러 사람을 해치고 집안을 이룬다면 어찌 오래도록 부귀가 있으리오! 이름을 고치고 몸을 다르게 함은 다 간교한 말로 인하여 생기고, 재앙이 일고 몸이 상하게 됨은 다 어질지 못함이 부르는 것이다."라고 하였다.

쓰기

眞	宗	皇	帝	御	製	曰	知	危	識	險	終	無	羅	網	之	門
擧	善	薦	賢	自	有	安	身	之	路	施	仁	布	德	乃	世	代
之	榮	昌	懷	妬	報	寃	與	子	孫	之	爲	患	損	人	利	己
終	無	顯	達	雲	仍	害	衆	成	家	豈	有	長	久	富	貴	改

名	異	體	皆	因	巧	語	而	生	禍	起	傷	身	皆	是	不	仁
之	召															

2

神宗皇帝御製에 曰 遠非道之財하고 戒過度之酒하며
居必擇隣하고 交必擇友하며 嫉妬를 勿起於心하고
讒言을 勿宣於口하고 骨肉貧者를 莫疏하고
他人富者를 莫厚하며 克己는 以勤儉爲先하고
愛衆은 以謙和爲首하며 常思已往之非하고 每念未來之咎하리
若依朕之斯言하면 治國家而可久니라.

글자풀이

戒: 경계할 계, 재계할 계
過: 지날 과, 허물 과
度: 법도 도, 정도 도
居: 살 거, 있을 거
擇: 가릴 택
隣: 이웃 린, 이웃할 린
嫉: 시새움할 질, 시새움 질
於: 어조사 어(…에)
讒: 헐뜯을 참, 참소 참
宣: 베풀 선, 펼 선
疏: 드물 소, 멀어질 소
厚: 두터울 후, 두께 후
克: 능할 극, 이길 극
勤: 부지런할 근, 힘쓸 근
儉: 검소할 검, 넉넉지못할 검
謙: 겸손할 겸, 사양할 겸

首: 머리 수, 우두머리 수	咎: 허물 구, 재앙 구
已: 이미 이, 그칠 이	若: 만약 약, 같을 약
往: 갈 왕, 예 왕	依: 의할 의, 따를 의
每: 매양 매, 마다 매	朕: 나 짐, 조짐 짐
念: 생각 념, 욀 념	斯: 이 사, 찍을 사

참고

□ 神宗皇帝(1067~1085): 중국 北宋의 6대 임금. 이름은 頊.

해석

신종황제 어제에 이르기를, "도리가 아닌 재물은 멀리하고, 정도에 지나친 술을 경계하며, 사는 데는 반드시 이웃을 가리고, 사귐에는 반드시 벗을 가리며, 질투를 마음에 일으키지 말고, 참소하는 말을 입에 내지 말며, 동기간의 가난한 이를 소홀히 하지 말며, 남의 부유한 자에게 후하게 하지 말라. 자기를 극복함에는 부지런하고 검소함을 첫째로 삼고, 여러 사람들을 사랑함에는 겸손과 화평을 첫째로 하며, 늘 이미 지나간 잘못을 생각하고, 매양 미래의 허물을 생각하라. 만일 나의 이 말을 따른다면 나라와 집안 다스림이 가히 장구할 것이다."라고 하였다.

쓰기

神	宗	皇	帝	御	製	曰	遠	非	道	之	財	戒	過	度	之	酒
居	必	擇	隣	交	必	擇	友	嫉	妬	勿	起	於	心	讒	言	勿
宣	於	口	骨	肉	貧	者	莫	疏	他	人	富	者	莫	厚	克	己

以	勤	儉	爲	先	愛	衆	以	謙	和	爲	首	常	思	已	往	之
非	每	念	未	來	之	咎	若	依	朕	之	斯	言	治	國	家	而
可	久															

3

高宗皇帝御製에 曰 一星之火도 能燒萬頃之薪하고
半句非言도 誤損平生之德이라 身被一縷나
常思織女之勞하고 日食三飧이나 每念農夫之苦하라
苟貪妒損은 終無十載安康하고 積善存仁이면
必有榮華後裔니라 福緣善慶은 多因積行而生이요
入聖超凡은 盡是眞實而得이니라.

글자풀이

星: 별 성, 희뜩희뜩할 성
燒: 불사를 소, 달 소
頃: 박이랑 경, 잠시 경
薪: 땔나무 신, 나무할 신
誤: 그릇할 오, 잘못 오
句: 구절 구, 굽을 구
被: 입을 피, 받을 피, 당할 피
縷: 실 루, 자세할 루
織: 짤 직, 무늬있는옷감 치
勞: 수고할 로, 노곤할 로
農: 농사 농, 농부 농
苟: 구차할 구, 진실로 구

飧: 저녁밥 손, 지을 손

貪: 탐할 탐, 탐 탐

載: 실을 재, 해 재

康: 편안할 강, 즐거울 강

積: 쌓을 적, 정체할 강

存: 있을 존, 보존할 존

華: 꽃 화, 빛 화

裔: 자락 예, 남을 예

緣: 가선 연, 인연 연

慶: 경사 경, 상 경

聖: 성스러울 성, 성인 성

超: 뛰어넘을 초, 뛰어날 초

凡: 무릇 범

참고

□ 高宗皇帝: 중국 宋代의 제 10대 즉 南宋의 첫 임금. 이름은 構.

□ 一星: 한 점

해석

고종황제 어제에 이르기를, "한 점의 불티도 능히 만경의 나무를 태우고, 반구의 그릇된 말도 평생의 덕을 잘못 손상시킨다. 몸에 실 한 오라기를 입어도 늘 베 짜는 여자의 노고를 생각하고, 하루 세끼를 먹음에 늘 농부의 고생을 생각하라. 구차하게 탐내고 시기하여 남에게 손해를 끼친다면 마침내 십년의 편안함도 없을 것이고, 선을 쌓고 인을 보존하면 반드시 후손들에게 영화가 있을 것이다. 복의 인연과 좋은 경사는 대개 선행을 쌓음으로 인하여 생기고, 평범한 것을 초월하여 성인의 경지에 들어가는 것은 다 진실한 데서 얻어진다."라고 하였다.

쓰기

高	宗	皇	帝	御	製	曰	一	星	之	火	能	燒	萬	頃	之	薪
半	句	非	言	誤	損	平	生	之	德	身	被	一	縷	常	思	織
女	之	勞	日	食	三	飧	每	念	農	夫	之	苦	苟	貪	妬	損

終	無	十	載	安	康	積	善	存	仁	必	有	榮	華	後	裔	福
緣	善	慶	多	因	積	行	而	生	入	聖	超	凡	盡	是	眞	實
而	得															

4

王良이 曰 欲知其君인대 先視其臣하고 欲識其人인대
先視其友하고 欲知其父인대 先視其子하라
君聖臣忠하고 父慈子孝이니라.

글자풀이

良: 어질 량, 좋을 량
欲: 하고자할 욕, 바랄 욕
視: 볼 시, 견줄 시
慈: 사랑할 자, 어머니 자

참고

□ 王良: 중국 漢나라 때의 충신. 자는 仲子.

해석

왕량이 말하기를, "그 임금이 알고자 하면 먼저 그 신하를 보고, 그 사람을 알고자 하면 먼저 그 벗을 보고 그 아버지를 알고자 하면 먼저 그 자식을 보라. 임금이 성스러우면 신하가 충성하고, 아버지가 인자하면 아들이 효도한다."라고 하였다.

쓰기

王	良	曰	欲	知	其	君	先	視	其	臣	欲	識	其	人	先	視
其	友	欲	知	其	父	先	視	其	子	君	聖	臣	忠	父	慈	子
孝																

5

家語에 云하되 水至清則無魚하고 人至察則無徒니라.

글자풀이

至: 이를 지, 지극할 지

清: 맑을 청, 깨끗할 청

察: 살필 찰, 자세할 찰

徒: 무리 도, 다만 도

참고

□ 家語: 孔子家語를 가리키며, 이는 공자의 언행 및 그 제자들과의 대화 등을 모아 엮은 책이다.

해석

가어에 이르기를, "물도 너무 맑으면 고기가 없고, 사람도 너무 살피면 벗이 없다."라고 하였다.

쓰기

家	語	云	水	至	清	則	無	魚	人	至	察	則	無	徒		

6

許敬宗이 曰 春雨如膏나 行人은 惡其泥濘하고
秋月이 揚輝나 盜者는 憎其照鑑

글자풀이

許: 허락할 허, 성 허
敬: 공경할 경, 삼갈 경
宗: 가묘 종, 마루 종
膏: 기름 고, 고약 고
惡: 악할 악, 미워할 오
泥: 진흙 니, 진창 니
濘: 진창 녕, 질척질척할 녕
揚: 오를 양, 날릴 양
輝: 빛 휘, 빛날 휘
盜: 훔칠 도, 도둑 도
憎: 미워할 증, 미움받을 증
照: 비칠 조, 비출 조
鑑: 거울 감, 볼 감

참고

□ 許敬宗: 중국 唐나라 때의 재상. 자는 延族.

해석

허경종이 말하기를, "봄비가 기름과 같으나 행인은 그 진창을 싫어하고, 가을 달이 빛을 드날리나 도둑은 그 밝게 비춤을 싫어한다."라고 하였다.

쓰기

許	敬	宗	曰	春	雨	如	膏	行	人	惡	其	泥	濘	秋	月	揚
輝	盜	者	憎	其	照	鑑										

7

景行錄에 云하되 大丈夫는 見善明故로
重名節於泰山하고 用心精故로 輕死生於鴻毛니라.

글자풀이

節: 마디 절, 절개 절
於: 어조사 어(…보다)
泰: 클 태, 고만할 태
精: 깨끗할정, 자세할 정

輕: 가벼울 경, 가벼이여길 경
鴻: 큰기러기 홍, 클 홍
毛: 털모, 짐승 모

해석

경행록에 이르기를, "대장부는 선을 밝게 보기 때문에 명분과 절개를 태산보다 중히 여기고, 마음 씀이 깨끗하기 때문에 죽고 사는 것을 터럭보다 가벼이 여긴다."라고 하였다.

쓰기

景	行	錄	云	大	丈	夫	見	善	明	故	重	名	節	於	泰	山
用	心	精	故	輕	死	生	於	鴻	毛							

8

閔人之凶하고 樂人之善하며 濟人之急하고 救人之危니라.

글자풀이

閔: 번민할 민, 번민 민
凶: 흉할 흉, 재앙 흉
濟: 건널 제, 건질 제, 도울 제
急: 급할 급, 서두룰 급
救: 구원할 구, 도울 구
危: 위태할 위, 귀구할 구

해석

남의 흉한 것을 민망히 여기고, 남의 착한 것을 즐겁게 여기며, 남의 급한 것을 도와주고, 남의 위태함을 구해야 한다.

쓰기

閔	人	之	凶	樂	人	之	善	濟	人	之	急	救	人	之	危	

9

經目之事도 恐未皆眞이어늘 背後之言을 豈足深信이리오.

글자풀이

經: 날 경, 지날 경
恐: 위할 공, 으를 공
未: 여덟째지지 미, 아닐 미
皆: 다 개, 두루미칠 개
背: 등 배, 들질 배
深: 깊을 심, 깊이 심

해석

눈을 거친 일도 다 진실이 아닐까 두려운데 등 뒤에서 한 말을 어찌 족히 깊이 믿으리오?

쓰기

經	目	之	事	恐	未	皆	眞	背	後	之	言	豈	足	深	信	

10

不恨自家汲繩短하고 只恨他家苦井深이라.

글자풀이

恨: 한할 한, 뉘우칠 한
汲: 기를 급, 당길 급

繩: 노 승, 묶을 승
短: 짧을 단, 허물 단
只: 다만 지, 말그칠 지
苦: 쓸 고, 괴로워할 고(탓하다)
井: 우물 정, 간반듯할 정

해석

자기 집 두레박 줄이 짧은 것은 한탄하지 않고, 남의 우물 깊은 것만 탓한다.

쓰기

不	恨	自	家	汲	繩	短	只	恨	他	家	苦	井	深			

11

贓濫이 滿天下하되 罪拘薄福人이니라.

글자풀이

贓: 장물 장, 뇌물받을 장
濫: 넘칠 람, 훔칠 람
滿: 찰 만, 교만할 만
罪: 허물 죄, 죄줄 죄
拘: 잡을 구, 잡힐 구
薄: 얇을 박, 적을 박

해석

뇌물 받고 도둑질하는 것이 천하에 가득하되 죄는 박복한 사람에게 걸린다.

쓰기

贓	濫	滿	天	下	罪	拘	薄	福	人							

12

天若改常이면 不風卽雨요 人若改常이면 不病卽死니라.

글자풀이

若: 만약 약, 같을 약
常: 항상 상, 범상 상

卽: 곧 즉, 나아갈 즉

해석

하늘이 만일 상도(常道)를 벗어나면, 바람불지 않으면 비가 오고, 사람이 만일 상도(常道)를 벗어나면, 병들지 않으면 죽는다.

쓰기

天	若	改	常	不	風	卽	雨	人	若	改	常	不	病	卽	死	

13

壯元詩에 **云**하되 **國正天心順**이요 **官淸民自安**이라
妻賢夫禍少요 **子孝父心寬**이니라.

글자풀이

壯: 장할 장, 씩씩할 장
順: 순할 순, 좇을 순
賢: 어질 현, 어진이 현
夫: 남편 부, 지아비 부, 사내 부, 대저 부
寬: 너그러울 관, 넓을 관

참고

□ 壯元詩: 과거시험에서 장원한 시.

해석

장원시에 이르기를, "나라가 바르면 천심도 순하고, 관리가 청렴하면 백성들이 저절로 편안하며, 아내가 어질면 남편이 화가 적고, 아들이 효도하면 아버지의 마음이 너그러워진다."라고 하였다.

쓰기

壯	元	詩	云	國	正	天	心	順	官	淸	民	自	安	妻	賢	夫
禍	少	子	孝	父	心	寬										

14

子曰 木從繩則直하고 人受諫則聖이니라.

글자풀이

從: 좇을 종, 부터 종
直: 곧을 직, 바로잡을 직
受: 받을 수, 어조사 수
諫: 간할 간, 간하는말 간

해석

공자가 말하기를, "나무는 먹줄을 좇으면 곧아지고, 사람은 간(諫)함을 받아들이면 성스러워진다."라고 하였다.

쓰기

子	曰	木	從	繩	則	直	人	受	諫	則	聖					

15

一派靑山景色幽러니 前人田土後人收라
後人收得莫歡喜라 更有收人在後頭니라.

글자풀이

派: 갈라질 파, 갈래 파
景: 빛 경, 경치 경
幽: 그윽할 유, 조용할 유
收: 거둘 수, 잡을 수
歡: 기뻐할 환, 정의(情誼) 환
更: 다시 갱, 고칠 경
頭: 머리 두, 가 두

해석

한 줄기 푸른 산은 경치가 그윽하고, 앞 사람의 밭을 뒷사람이 거두었네. 뒷사람은 거두어 얻음을 기뻐하지 말라. 다시 거둘 사람이 뒤에 있도다.

쓰기

一	派	青	山	景	色	幽	前	人	田	土	後	人	收	後	人	收
得	莫	歡	喜	更	有	收	人	在	後	頭						

16

蘇東坡曰 無故而得千金이면 不有大福이고 必有大禍이니라.

글자풀이

蘇: 차조기 소, 성 소
坡: 비탈 파, 둑 파
故: 일 고, 연고 고

참고

□ 蘇東坡(1036~1101) : 중국 北宋때의 대문호. 이름은 軾, 자는 子瞻, 호가 동파. 아버지 洵, 동생 轍과 함께 三蘇로 불리며 모두 唐宋八大家로 꼽힌다. 명작 〈赤壁賦〉의 작가이며, 〈東坡全集〉이 전한다.

해석

소동파가 말하기를, "까닭 없이 천금을 얻으면 큰 복이 있는 것이 아니라 반드시 큰 재앙이 있다."라고 하였다.

쓰기

蘇	東	坡	曰	無	故	而	得	千	金	不	有	大	福	必	有	大
禍																

17

康節邵先生이 曰 有人이 來問卜하되
如何是禍福고 我虧人是禍이요 人虧我是福이니라.

글자풀이

卜: 점 복, 점칠 복

虧: 이지러질 휴, 덜 휴

해석

강절 소선생이 말하기를, "어떤 사람이 와서 점을 묻기를 어떤 것이 재앙이고 복이냐고 하기에, 내가 남을 해롭게 하는 것이 곧 재앙이고 남이 나를 해롭게 하는 것이 곧 복이라고 하였다."라고 하였다.

쓰기

康	節	邵	先	生	曰	有	人	來	問	卜	如	何	是	禍	福	我
虧	人	是	禍	人	虧	我	是	福								

18

大廈千間이라도 夜臥八尺이요 良田萬頃이라도 日食二升이니라.

글자풀이

廈: 처마 하, 큰집 하
間: 사이 간, 간 간
臥: 누울 와, 쉴 와
尺: 자 척, 길이 척
頃: 백이랑 경, 잠깐 경
升: 되 승, 오를 승

해석

큰 집이 천 칸이어도 밤에 여덟 자에 눕고, 좋은 밭이 만 경이어도 하루 두 되 먹는다.

쓰기

大	廈	千	間	夜	臥	八	尺	良	田	萬	頃	日	食	二	升	

19

久住令人賤이요 頻來親也疏라 但看三五日에 相見不如初라.

글자풀이

令: 하여금 영, 명령할 영
賤: 천할 천, 천히여길 천
頻: 자주 빈, 급할 빈
親: 친할 친, 어버이 친
初: 처음 초

해석

오래 머물면 사람으로 하여금 천해시게 하고, 자주 오면 친한 사이도 멀어진다. 단지 사흘이나 닷새만 보아도 서로 보는 것이 처음과 같지 않다.

쓰기

久	住	令	人	賤	頻	來	親	也	疏	但	看	三	五	日	相	見
不	如	初														

20

渴時一滴은 如甘露요 醉後添盃는 不如無니라.

글자풀이

渴: 목마를 갈, 서두를 갈
滴: 물방울 적, 물방울떨어질 적
甘: 달 감, 맛날 감
露: 이슬 로, 드러날 로
甘: 달 감, 맛날 감
露: 이슬 로, 드러날 로
盃: 잔 배

해석

목마를 때 물 한 방울은 단 이슬 같고, 취한 뒤에 잔을 더함은 없느니만 못하다.

쓰기

渴	時	一	滴	如	甘	露	醉	後	添	盃	不	如	無			

21

酒不醉人人自醉요 色不迷人人自迷니라.

글자풀이

迷: 헤맬 미, 헤매게할 미 | 色: 빛 색, 색 색

해석

술이 사람을 취하게 하는 것이 아니라 사람이 스스로 취하는 것이요, 여색이 사람을 미혹시키는 것이 아니라 사람이 스스로 미혹된다.

쓰기

酒	不	醉	人	人	自	醉	色	不	迷	人	人	自	迷			

22

公心을 若比私心이면 何事不辨이며
道念을 若同情念이면 成佛多時니라.

글자풀이

比: 견줄 비, 따를 비
辨: 나눌 변, 분별 변
佛: 부처 불

해석

공(公)을 위하는 마음을 만일 사(私)를 위하는 마음에 견주어 같게 한다면 어떤 일인들 처리하지 못하리오? 도(道)를 생각함을 만일 정(情)을 생각함과 같게 한다면 부처가 되지 오래일 것이다.

쓰기

公	心	若	比	私	心	何	事	不	辨	道	念	若	同	情	念	成
佛	多	時														

23

濂溪先生曰 巧者言하고 拙者默하며 巧者勞하고 拙者逸하며 巧者賊하고 拙者德하고 巧者凶하고 拙者吉하나니 嗚呼라 天下拙이면 刑政이 徹하여 上安下順하며 風淸弊絶이니라.

글자풀이

濂: 시내이름 렴, 엷을 렴
溪: 시내 계
拙: 졸할 졸
默: 잠잠할 묵, 입다물 묵
逸: 잃을 일, 편안 일
賊: 도둑 적, 해칠 적
吉: 길할 길, 착할 길
嗚: 오호라 오, 탄식할 오
呼: 숨내쉴 호, 슬프다할 호
刑: 형벌 형, 법 형
徹: 통할 철, 치울 철
弊: 해질 폐, 폐 폐(해악)
絶: 끊을 절, 뛰어날 절

참고

□ 濂溪(1017~1073): 중국 北宋때의 儒學者. 성은 周, 이름은 敦頤, 자는 茂叔, 호가 염계. 性理學의 시조로 〈太極圖說〉과 〈通書〉 등을 저술하였다.

해석

염계 선생이 말하기를, "간교한 사람은 말을 잘하고 우직한 사람은 말이 없으며, 간교한 사람은 수고롭고 우직한 사람은 한가로우며, 간교한 사람은 흉하고 우직한 사람은 길하니, 아아! 천하가 모두 우직하면 형벌의 정치가 없어져 윗사람은 편안하고 아랫사람은 순종하며, 풍속은 맑아지고 폐단은 끊어진다."라고 하였다.

쓰기

濂	溪	先	生	曰	巧	者	言	拙	者	默	巧	者	勞	拙	者	逸
巧	者	賊	拙	者	德	巧	者	凶	拙	者	吉	嗚	呼	天	下	拙
刑	政	徹	上	安	下	順	風	淸	弊	絶						

24

易에 曰 德微而位尊하고 智小而謀大면 無禍者鮮矣니라.

글자풀이

易: 바꿀 역, 쉬울 이

微: 작을 미, 희미할 미

位: 자리 위, 벼슬 위
尊: 높을 존, 높일 존
智: 슬기 지, 슬기로울 지
謀: 꾀할 모, 속일 모
鮮: 드물 선, 고울 선

해석

역경에 이르기를, "덕이 적으면서 지위가 높고, 지혜가 적으면서 꾀하는 것이 크면, 재앙이 없을 자가 드물다."라고 하였다.

쓰기

易	曰	德	微	而	位	尊	智	小	而	謀	大	無	禍	者	鮮	矣

25

說苑에 曰 官怠於宦成하고 病加於小瘉하며 禍生於懈怠하고 孝衰於妻子니 察此四者하여 愼終如始니라.

글자풀이

苑: 동산 원, 문채날 원
怠: 게으를 태, 게을리할 태
於: 어조사 어(…에서)
宦: 벼슬 환, 내시 환
加: 더할 가, 더욱 가
瘉: 나을 유
懈: 게으를 해, 게으름 해
衰: 쇠할 쇠, 줄 쇠
察: 살필 찰, 자세할 찰
愼: 삼갈 신, 진실로 신
始: 처음 시, 비롯할 시

참고

□ 說苑: 중국 前漢때 劉向이 편찬한 책으로, 주로 名人들의 逸話를 수록했다.

해석

설원에 이르기를, "벼슬아치는 벼슬이 이루어지는 데서 게을러지고, 병은 조금 낫는 데서 더해지며, 재앙은 게으른 데서 생기고, 효성은 처자에게서 쇠하여지니, 이 네 가지를 살펴서 삼가기를 끝내 처음과 같이 하라."라고 하였다.

쓰기

說	苑	曰	官	怠	於	宦	成	病	加	於	小	癒	禍	生	於	懈
怠	孝	衰	於	妻	子	察	此	四	者	愼	終	如	始			

26

器滿則溢하고 人滿則喪이니라.

글자풀이

器: 그릇 기, 그릇으로쓸 기

溢: 넘칠 일, 찰 일

喪: 망할 상, 잃을 상, 상사 상

해석

그릇은 가득차면 넘치고, 사람은 가득차면(교만하면) 잃게 된다.

쓰기

器	滿	則	溢	人	滿	則	喪									

27

尺璧非寶요 寸陰是競이니라.

글자풀이

璧: 옥 벽
陰: 그늘 음, 그림자 음(시간)
競: 다툴 경, 굳셀 경

해석

한 자의 구슬은 보배가 아니고, 한 치의 시간은 다투어야 한다.

쓰기

尺	璧	非	寶	寸	陰	是	競									

28

羊羹이 雖美나 衆口를 難調니라.

글자풀이

羊: 양 양
羹: 국 갱, 국끓일 갱
雖: 비록 수, 오직 수
調: 고를 조, 맞을 조

해석

양고깃국이 비록 맛이 좋으나, 여러 사람의 입을 맞추기 어렵다.

쓰기

羊	羹	雖	美	衆	口	難	調									

29

益智書에 云하되 白玉은 投於泥塗라도 不能汚穢其色하고
君子는 行於濁地라도 不能染亂其心하나니
故로 松柏은 可以耐雪霜이요 明智는 可以涉危難이니라.

글자풀이

投: 던질 투, 맞을 투
於: 어조사 어(…에)
益: 더할 익, 더욱 익
泥: 진흙 니, 진창 니
塗: 진흙 도, 칠할 도
汚: 괸물 오, 더럽힐 오
穢: 거칠 예, 더럽힐 예
濁: 흐릴 탁, 흐리게할 탁
投: 던질 투, 맞을 투
於: 어조사 어(…에)

益: 더할 익, 더욱 익
泥: 진흙 니, 진창 니
塗: 진흙 도, 칠할 도
汚: 괸물 오, 더럽힐 오
穢: 거칠 예, 더럽힐 예
濁: 흐릴 탁, 흐리게할 탁
染: 물들일 염, 옮을 염

亂: 어지러울 란, 어지럽힐 란
松: 소나무 송
柏: 나무이름 백, 잣 백
耐: 견딜 내, 참을 내
霜: 서리 상, 흴 상
涉: 건널 섭, 겪을 섭
危: 위태할 위, 위구할 위

해석

익지서에 이르기를, "백옥은 진흙에 던져져도 그 빛이 능히 더럽혀지지 않고, 군자는 혼탁한 곳에 가도 그 마음이 능히 어지럽혀지지 않는다. 그러므로 소나무와 잣나무는 서리와 눈을 견디고, 밝은 지혜는 가히 위난(危難)을 겪어 나간다."라고 하였다.

쓰기

益	智	書	云	白	玉	投	於	泥	塗	不	能	汚	穢	其	色	君
子	行	於	濁	地	不	能	染	亂	其	心	故	松	柏	可	以	耐
雪	霜	明	智	可	以	涉	危	難								

30

入山擒虎는 易어니와 開口告人은 難이니라.

글자풀이

擒: 사로잡을 금, 포로 금
開: 열 개, 필 개
告: 고할 고, 찾을 고

해석

산에 들어가 호랑이를 잡기는 쉬우나, 입을 열어 남에게 고하기는 어렵다.

쓰기

入	山	擒	虎	易	開	口	告	人	難							

31

遠水는 不救近火요 遠親은 不如近隣이니라.

글자풀이

遠: 멀 원, 멀어질 원
救: 구원할 구, 도울 구
近: 가까울 근, 요사이 근
隣: 이웃 린, 이웃할 린

해석

멀리 있는 물은 가까운 불을 끄지 못하고 멀리 있는 친척은 가까운 이웃만 못하다.

쓰기

遠	水	不	救	近	火	遠	親	不	如	近	隣					

32

太公이 曰 日月이 雖明이나 不照覆盆之下하고 刀刃이 雖快나 不斬無罪之人하고 非災橫禍는 不入愼家之門이니라.

글자풀이

照: 비칠 조, 비출 조
覆: 엎을 복, 덮을 부
盆: 동이 분
刃: 칼날 인, 벨 인
快: 쾌할 쾌, 빠를 쾌
斬: 벨 참, 끊어질 참
災: 재앙 재, 화재 재
橫: 가로 횡, 가로놓일 횡
愼: 삼갈 신, 진실로 신

참고

□ 橫禍: 뜻밖의 재앙

해석

태공이 말하기를, "해와 달이 비록 밝으나 엎어놓은 동이의 밑은 비추지 못하고, 칼날이 비록 날카로우나 죄 없는 사람을 베지 못하고, 그릇된 재앙과 뜻밖의 재앙도 삼가는 집 문에는 들어가지 못한다."라고 하였다.

쓰기

太	公	曰	日	月	雖	明	不	照	覆	盆	之	下	刀	刃	雖	快
不	斬	無	罪	之	人	非	災	橫	禍	不	入	愼	家	之	門	

33

太公이 曰 良田萬頃이 不如薄藝隨身이니라.

글자풀이

良: 어질 량, 좋을 량
薄: 얇을 박, 적을 박
藝: 재주 예, 법 예
隨: 따를 수, 따라서 수

해석

태공이 말하기를, "좋은 밭 만 이랑이, 박한 재주라도 몸에 있는 것만 못하다."라고 하였다.

쓰기

太	公	曰	良	田	萬	頃	不	如	藝	藝	隨	身				

34

性理書에 云하되 接物之要는 己所不欲을 勿施於人하고 行有不得이어든 反求諸己니라.

글자풀이

接: 접할 접, 사귈 접
要: 구할 요, 대요 요
己: 몸 기, 여섯째천간 기
所: 바 소, 곳 소

施: 베풀 시, 옮을 이
反: 돌이킬 반, 도리어 반
求: 구할 구, 빌 구
諸: 모든 제, 어조사 제

해석

성리서에 이르기를, "사물을 접하는 데서의 대요는 자기가 하고자 하지 않는 것을 남에게 하지 말고, 행하여 얻음이 없거든 돌이켜 자기에게서 원인을 찾는 것이다."라고 하였다.

쓰기

性	理	書	云	接	物	之	要	己	所	不	欲	勿	施	於	人	行
有	不	得	反	求	諸	己										

35

酒色財氣四堵墻에 多少賢愚在內廂이라
若有世人이 跳得出이면 便是神仙不死方이니라.

글자풀이

堵: 담 도
墻: 담 장, 경계 장
愚: 어리석을 우, 우직할 우
廂: 곁채 상, 곁방 상
跳: 뛸 도, 솟구칠 도
便: 편할 편, 곧 변
仙: 신선 선, 뛰어날 선
方: 모 방, 술법 방

해석

술과 색과 재물과 기운이 네 가시로 쌓은 담장 안에, 많은 어진 이와 어리석은 이가 안 행랑에 있다. 만약 어떤 세상 사람이 뛰쳐 나온다면, 바로 이것이 신선의 죽지 않는 술법이다.

쓰기

酒	色	財	氣	四	堵	墻	多	少	賢	愚	在	內	廂	若	有	世
人	跳	得	出	便	是	神	仙	不	死	方						

제 13 편

입교편(立教篇)

解題

立敎란 가르침을 세워 정한다는 뜻으로, 이 편에서는 유교사회에서 기본적으로 지켜나가야 할 윤리도덕을 가르치는데 도움이 되는 문장들을 엮어 놓았다. 유교 윤리도덕의 강령이라고 할 수 있는 三綱五倫을 비롯한 실천적 가르침에 귀기울여 보자.

1

子曰 立身有義而孝爲本이요 喪祀有禮而哀爲本이요
戰陣有列而勇爲本이요 治政有理而農爲本이요
居國有道而嗣爲本이요 生財有時而力爲本이니라.

글자풀이

喪: 망할 상, 잃을 상
祀: 제사 사, 제사지낼 사
哀: 서러울 애, 슬퍼할 애
陣: 진 진, 진칠 진
列: 반열 렬, 줄 렬
勇: 날랠 용, 용감할 용
嗣: 이을 사, 후사 사

참고

□ 喪祀: 출전인 〈家語〉에는 '喪紀'로 되어 있는데, 이는 '초상 치루는 일'이라는 뜻이다.

해석

공자가 말하기를, "입신함에 의가 있으니 효도가 그 근본이 되고, 상사(喪事)와 제사에는 예가 있으니 슬퍼함이 그 근본이 되고, 전쟁터에는 반열이 있으니 용맹이 그 근본이 되고, 정사를 다스리는데는 이치가 있으니 농사가 그 근본이 되고, 나라에 살아감에는 도가 있으니 후사(後嗣)가 그 근본이 되고, 재물을 만드는 데는 때가 있으니 힘이 그 근본이 된다."라고 하였다.

쓰기

子	曰	立	身	有	義	而	孝	爲	本	喪	祀	有	禮	而	哀	爲
本	戰	陣	有	列	而	勇	爲	本	治	政	有	理	而	農	爲	本
居	國	有	道	而	嗣	爲	本	生	財	有	時	而	力	爲	本	

2

景行錄에 云하되 爲政之要는 曰公與淸이요
成家之道는 曰儉與勤이라.

글자풀이

儉: 검소할 검, 넉넉지못할 검

勤: 부지런할 근, 힘쓸 근

해석

경행록에 이르기를, "정치를 하는 데서의 요체는 공정함과 청렴함이요, 집을 이루는 도는 검소함과 부지런함이다."라고 하였다.

쓰기

景	行	錄	云	爲	政	之	要	曰	公	與	淸	成	家	之	道	曰
儉	與	勤														

3

讀書는 起家之本이요 循理는 保家之本이요
勤儉은 治家之本이요 和順은 齊家之本이니라.

글자풀이

循: 좇을 순, 어루만질 순

齊: 가지런할 제, 가지런히할 제

해석

독서는 집안을 일으키는 근본이고, 이치에 따름은 집안을 보전하는 근본이며, 부지런하고 검소함은 집안을 다스리는 근본이고, 화목하고 순종함은 집안을 가지런히 하는 근본이다.

쓰기

讀	書	起	家	之	本	循	理	保	家	之	本	勤	儉	治	家	之

本	和	順	齊	家	之	本										

4

孔子三計圖에 云하되 一生之計는 在於幼하고
一年之計는 在於春하고 一日之計는 在於寅이며
幼而不學이면 老無所知요 春若不耕이면
秋無所望이요 寅若不起면 日無所辦이니라.

글자풀이

計: 셀 계, 꾀할 계
圖: 그림 도, 꾀할 도
幼: 어릴 유, 어릴 때 유
耕: 갈 경, 쟁기 경
望: 바랄 망, 소망 망
寅: 동방 인, 범 인(☞참고)
辦: 힘쓸 판, 갖출 판

참고

□ 寅: 여기서는 寅時 즉 새벽 3~5시를 가리킨다.

해석

공자의 삼계도에 이르기를, "일생의 계획은 어릴 때 하고, 일년의 계획은 봄에 하고, 하루의 계획은 새벽에 해야 하며, 어려서 배우지 않으면 늙어서 아는 것이 없고, 봄에 만약 밭을 갈지 않으면 가을에 바랄 것이 없고, 새벽에 만약 일어나지 않으면 그 날 할 일이 없다."라고 하였다.

쓰기

孔	子	三	計	圖	云	一	生	之	計	在	於	幼	一	年	之	計
在	於	春	一	日	之	計	在	於	寅	幼	而	不	學	老	無	所
知	春	若	不	耕	秋	無	所	望	寅	若	不	起	日	無	所	辦

5

性理書에 云하되 五教之目은 父子有親하며 君臣有義하며 夫婦有別하며 長幼有序하며 朋友有信이니라.

글자풀이

教: 가르칠 교, 하여금 교

婦: 지어미 부, 아내 부

別: 다를 별, 그별 별

序: 차례 서, 담 서

해석

성리서에 이르기를, "다섯 가지 가르침 조목은, 아버지와 아들 사이에는 친함이 있어야 하고, 임금과 신하 사이에는 의리가 있어야 하며, 남편과 아내 사이에는 분별이 있어야 하고, 어른과 아이 사이에는 차례가 있어야 하며, 친구 사이에는 믿음이 있어야 한다."라고 하였다.

쓰기

性	理	書	云	五	敎	之	目	父	子	有	親	君	臣	有	義	夫
婦	有	別	長	幼	有	序	朋	友	有	信						

6

三綱은 **君爲臣綱**이요 **父爲子綱**이요 **夫爲婦綱**이니라.

글자풀이

綱: 벼리 강, 대강 강

해석

삼강이란 임금은 신하의 본보기가 되고, 아버지는 아들의 본보기가 되며, 남편은 아내의 본보기가 되는 것이다.

쓰기

三	綱	君	爲	臣	綱	父	爲	子	綱	夫	爲	婦	綱			

7

王蠋이 曰 忠臣은 不事二君이요 烈女는 不更二夫니라.

글자풀이

蠋: 나비애벌레 촉
事: 일 사, 섬길 사
烈: 세찰 렬, 굳셀 렬
更: 다시 갱, 고칠 경

참고

□ 王蠋: 중국 戰國시대 齊나라의 충신. 燕나라가 제나라를 침공하여 그에게 항복을 권했으나 불응하고 끝내 자결했다고 한다.

해석

왕촉이 말하기를, "충신은 두 임금을 섬기지 않고, 열녀는 두 지아비로 고치지 않는다."라고 하였다.

쓰기

王	蠋	曰	忠	臣	不	事	二	君	烈	女	不	更	二	夫		

8

忠子曰 治官엔 莫若平이요 臨財엔 莫若廉이니라.

글자풀이

臨: 임할 림, 병거 림

廉: 청렴할 렴, 쌀 렴

참고

□ 忠子: 성명 및 시대 미상.

해석

충자가 말하기를, "벼슬을 다스림에는 공평함만한 것이 없고, 재물에 임함에는 청렴함만한 것이 없다."라고 하였다.

쓰기

忠	子	曰	治	官	莫	若	平	臨	財	莫	若	廉				

9

張思叔座右銘에 曰 凡語를 必忠信하며 凡行을 必篤敬하며 飮食을 必愼節하며 字畫을 必楷正하며 容貌를 必端莊하며 衣冠을 必整肅하며 步履를 必安詳하며 居處를 必正靜하며 作事를 必謀始하며 出言을 必顧行하며 常德을 必固持하며 然諾을 必重應하며 見善如己出하며 見惡如己病하라 凡此十四者는 皆我未深省이라 書此當座右하여 朝夕視爲警하노라.

글자풀이

座: 자리 좌, 좌 좌
銘: 새길 명, 명 명
敬: 공경할 경, 삼갈 경
篤: 도타울 독, 중할 독
愼: 삼갈 신, 진실로 신
節: 마디 절, 알맞을 절
畫: 획 획, 그림 화
楷: 본 해, 해서 해
容: 얼굴 용, 받아들일 용
貌: 모양 모, 예모 모
端: 끝 단, 단정할 단
莊: 엄할 장, 꾸밀 장
冠: 갓 관, 어른 관, 으뜸 관
整: 가지런할 정, 가지런히할 정
肅: 엄숙할 숙, 삼갈 숙
步: 걸음 보, 걸을 보
履: 밟을 리, 신 리
詳: 자세할 상, 자세히알 상
靜: 조용할 정, 조용히 정
顧: 돌아볼 고, 생각건대 고
固: 진실로 고, 굳을 고
持: 가질 지, 지닐 지
諾: 대답할 락, 승낙할 락
應: 응당 응, 응할 응
省: 살필 성, 덜 생
警: 경계할 경, 경비 경

참고

□ 張思叔: 중국 北宋때의 儒學者. 이름은 繹, 자가 사숙.

□ 座右銘: 자기 자리 옆에 써놓고 반성과 발전의 지표로 삼는 문구.

해석

장사숙의 좌우명에 이르기를, "무릇 말은 반드시 성실하고 믿음이 있어야 하고, 무릇 행동은 반드시 돈독하고 공경스럽게 하며, 음식은 반드시 삼가고 알맞게 하고, 글자 획은 반드시 정확하고 바르게 쓰며, 용모는 반드시 단정하고 엄숙하게 하며, 의관은 반드시 정돈하여 엄숙하게 입고, 걸음걸이는 반드시 편안하고 조용하게 하며, 거처는 반드시 바르고 조용하게 하고, 일 하는 것은 반드시 계획을 세워 시작하며, 말을 냄에는 반드시 실행을 돌아보고, 평상의 덕을 반드시 굳게 지니며, 일을 허락함에는 반드시 신중히 응하고, 착한 일 보기를 내게서 나온 것 같이 하고, 악한 일 보기를 내가 병든 것같이 하라. 무릇 이 열 네 가지는 모두 내가 아직 깊이 깨닫지 못한 것이다. 이를 마땅히 자리 오른편에 써놓고 아침 저녁으로 보면서 경계로 삼는다."라고 하였다.

쓰기

張	思	叔	座	右	銘	曰	凡	語	必	忠	信	凡	行	必	篤	敬
飮	食	必	愼	節	字	劃	必	楷	正	容	貌	必	端	莊	衣	冠
必	整	肅	步	履	必	安	詳	居	處	必	正	靜	作	事	必	謀
始	出	言	必	顧	行	常	德	必	固	持	然	諾	必	重	應	見
善	如	己	出	見	惡	如	己	病	凡	此	十	四	者	皆	我	未

深	省	書	此	當	座	右	朝	夕	視	爲	警					

10

范益謙座右銘에 曰 一不言朝廷利害邊報差除요
二不言州縣官員長短得失이요 三不言衆人所作過惡之事요
四不言仕進官職趨時附勢요 五不言財利多少厭貧求富요
六不言淫媟戲慢評論女色이요 七不言求覓人物干索酒食이요
又人付書信을 不可開坼沈滯요 與人幷坐에 不可窺人私書요
凡入人家에 不可看人文字요 凡借人物에 不可損壞不還이요
凡喫飮食에 不可揀擇去取요 與人同處에 不可自擇便利요
凡人富貴를 不可歎羨詆毁니 凡此數事에 有犯之者면
足以見用心之不正이며 於正心修身에 大有所害라
因書以自警하노라.

글자풀이

范: 풀이름 범, 성 범
益: 더할 익, 더욱 익
謙: 겸손할 겸, 사양할 겸
廷: 조정 정, 공변될 정
邊: 가 변, 변방 변
差: 어긋날 차, 사신 보낼 차

除: 제할 제, 벼슬 줄 제
州: 고을 주, 마을 주
縣: 매달 현, 고을 현
仕: 벼슬 사, 벼슬할 사
職: 벼슬 직, 일 직
趨: 따를 추, 재촉할 촉
附: 붙을 부, 붙일 부
勢: 세력 세, 기세 세
厭: 싫어할 염, 물릴 염
淫: 음탕할 음, 담글 음
媟: 친입할 설(버릇없이 굼)
戲: 놀 희, 희롱할 희
慢: 게으를 만, 방자할 만
評: 품평 평, 품평할 평
覓: 찾을 멱, 구할 멱
干: 방패 간, 구할 간
索: 노 삭, 찾을 색
付: 줄 부, 부탁할 부
坼: 터질 탁, 갈라질 탁
沈: 가라앉을 침, 막힐 침
滯: 막힐 체, 남을 체
幷: 어우를 병, 어울릴 병
窺: 엿볼 규, 볼 규
借: 빌릴 차, 가령 차
壞: 무너질 괴, 무너뜨릴 괴
喫: 먹을 끽, 마실 끽
揀: 가릴 간, 가릴 련
擇: 가릴 택
歎: 한숨쉴 탄, 칭찬할 탄
羨: 부러워할 선, 넘칠 선
詆: 꾸짖을 저, 흉볼 저
毁: 헐 훼, 상할 훼
犯: 범할 범, 침범할 범
因: 인할 인, 겹칠 인

참고

□ 范益謙: 인물 및 시대 미상.

해석

범익겸의 좌우명에 이르기를, "첫째, 조정의 이해관계와 변방으로부터의 보고와 관직의 임명에 대하여 말하지 말고, 둘째, 주와 현의 관원들의 장단점과 득실에 대하여 말하지 말고, 셋째, 여러 사람들이 저지른 잘못과 악한 일을 말하지 말고, 네째, 벼슬하여 관직에 나아감과 시류에 따라 권세에 아부하는 일에 대하여 말하지 말고, 다섯째, 재물과 이익의 많고 적음과 가난을 싫어하고 부를 구하는 것을 말하지 말고, 여섯째, 음탕한 희롱과 여색 평론함을 말하지 말고, 일곱째, 남의 물건을 탐내어 구하거나 술과 음식을 구하여 찾음을 말하지 말라. 또 남이 부친 편지를 뜯어보거나 지체시켜서는 안되고, 남과 더불어 앉아 있으면서 남의 사사로운 글을 엿봐서는 안된다. 무릇 남의 집에 들어가서 남의 글을 보아서는 안되고, 무릇 남의 물건을 빌려 이를 손상시키거나 돌려주지 않아서는 안되고, 무릇 음식을 먹음에 가려서 취해서는 안되고, 남과 함께 있음에 스스로의 편리만을 가려서는 안되고, 무릇 다른 사람의 부유하고 귀함을 부러워하거나 헐뜯어서는 안된다. 무릇 이 몇 가지 일에 범하는 것이 있으면 족히 그 마음씀이 바르지 않음을 알 수 있으며, 마음을 바르게 하고 몸을 닦는데 크게 해가 되는 바가 있다. 이로 인하여 이 글을 써서 스스로 경계한다."라고 하였다.

쓰기

范	益	謙	座	右	銘	曰	一	不	言	朝	廷	利	害	邊	報	差
除	二	不	言	州	縣	官	員	長	短	得	失	三	不	言	衆	人
所	作	過	惡	之	事	四	不	言	仕	進	官	職	趨	時	附	勢
五	不	言	財	利	多	少	厭	貧	求	富	六	不	言	淫	媟	戲
慢	評	論	女	色	七	不	言	求	覓	人	物	干	索	酒	食	又
人	付	書	信	不	可	開	坼	沈	滯	與	人	幷	坐	不	可	窺
人	私	書	凡	入	人	家	不	可	看	人	文	字	凡	借	人	物
不	可	損	壞	不	還	凡	喫	飮	食	不	可	揀	擇	去	取	與

人	同	處	不	可	自	擇	便	利	凡	人	富	貴	不	可	歎	羨
詆	毁	凡	此	數	事	有	犯	之	者	足	以	見	用	心	之	不
正	於	正	心	修	身	大	有	所	害	因	書	以	自	警		

11

武王이 問太公曰 人居世上에 何得貴賤貧富不等고 願聞說之하여 欲知是矣로이다 太公이 曰, 富貴는 如聖人之德하여 皆由天命이어니와 富者는 用之有節하고 不富者는 家有十盜니다.

글자풀이

武: 굳셀 무, 무인 무
居: 살 거, 있을 거
何: 어찌 하, 무슨 하
等: 등급 등, 무리 등, 같을 등
願: 바랄 원, 소망 원
由: 말미암을 유, 까닭 유
節: 마디 절, 절약할 절
盜: 도둑 도, 해칠 도

참고

□ 武王: 중국 周나라의 황제. 성은 姬, 이름은 發. 아버지인 文王을 이어 殷나라의 폭군 紂임금을 치고 중국을 통일하였다. 아우인 周公 旦과 太師인 태공의 큰 도움을 받았다.

해석

무왕이 태공에게 묻기를, "사람이 세상에 사는 데 있어서 어찌하여 귀천과 빈부가 같지 않습니까? 원컨대 말씀을 들어 이를 알고자 합니다."라고 하였다. 태공이 대답하기를, "부귀는 성인의 덕과 같아서 모두 천명에 말미암거니와, 부유한 자는 쓰는 것이 절도가 있고 부유하지 못한 자는 집에 열 가지 도둑이 있나이다."라고 하였다.

쓰기

武	王	問	太	公	曰	人	居	世	上	何	得	貴	賤	貧	富	不
等	願	聞	說	之	欲	知	是	矣	太	公	曰	富	貴	如	聖	人
之	德	皆	由	天	命	富	者	用	之	有	節	不	富	者	家	有
十	盜															

12

武王이 曰 何謂十盜닛고 太公이 曰 時熟不收爲一盜요

收積不了爲二盜요 無事燃燈寢睡爲三盜요 慵懶不耕爲四盜요

不施功力爲五盜요 專行巧害爲六盜요 養女太多爲七盜요

晝眠懶起爲八盜요 貪酒嗜慾爲九盜요 强行嫉妬爲十盜니다.

글자풀이

謂: 이를 위, 까닭 위
熟: 익을 숙, 익히 숙
收: 거둘 수, 길을 수
積: 쌓을 적, 정체할 적
了: 깨달을 료, 마칠 료
燃: 탈 연, 사를 연
燈: 등잔 등, 등불 등
寢: 잘 침, 재울 침
睡: 잘 수, 졸 수
慵: 게으를 용
懶: 게으를 라
專: 오로지 전, 제멋대로할 전
晝: 낮 주
眠: 잘 면, 쉴 면
貪: 탐낼 탐, 탐 탐
嗜: 즐길 기
强: 강할 강, 억지로 강
嫉: 시새움할 질, 시새움 질
妬: 시새움할 투, 시새움 투

해석

무왕이 묻기를, "무엇을 열 가지 도둑이라 합니까?"라고 하였다. 태공이 말하기를, "제때에 익은 것을 거둬들이지 않는 것이 첫째 도둑이요, 거두어 쌓는 것을 마치지 않는 것이 둘째 도둑이요, 일 없이 등불을 켜 놓고 잠자는 것이 셋째 도둑이요, 게을러서 밭갈지 않는 것이 넷째 도둑이요, 공력을 들이지 않는 것이 다섯째 도둑이요, 오로지 간교하고 해로운 일만 하는 것이 여섯째 도둑이요, 딸을 너무 많이 기르는 것이 일곱째 도둑이요, 낮잠을 자고 일어나기를 게을리 하는 것이 여덟째 도둑이요, 술을 탐내고 욕심을 즐기는 것이 아홉째 도둑이요, 심하게 남을 시기하는 것이 열째의 도둑입니다."라고 하였다.

쓰기

武	王	曰	何	謂	十	盜	太	公	曰	時	熟	不	收	爲	一	盜
收	積	不	了	爲	二	盜	無	事	燃	燈	寢	睡	爲	三	盜	慵

懶	不	耕	爲	四	盜	不	施	功	力	爲	五	盜	專	行	巧	害
爲	六	盜	養	女	太	多	爲	七	盜	晝	眠	懶	起	爲	八	盜
貪	酒	嗜	慾	爲	九	盜	强	行	嫉	妬	爲	十	盜			

13

武王이 曰 家無十盜而不富者는 何如닛고

太公이 曰 人家에 必有三耗니다 武王이 曰 何名三耗닛고

太公이 曰 倉庫漏濫不蓋하여 鼠雀亂食이 爲一耗요

收種失時이 爲二耗요 抛撒米穀穢賤이 爲三耗니다.

글자풀이

耗: 덜 모, 쓸 모
倉: 곳집 창(창고), 갑자기 창
庫: 곳집 고
漏: 샐 루, 틈날 루
濫: 넘칠 람, 훔칠 람
蓋: 덮을 개, 대개 개
鼠: 쥐 서
雀: 참새 작, 뛸 작
亂: 어지러울 란, 난리 란
種: 씨 종, 심을 종
抛: 던질 포, 버릴 포
撒: 놓을 살, 뿌릴 살
穀: 곡식 곡, 좋을 곡
穢: 거칠 예, 더러울 예
賤: 천할 천, 천히여길 천

해석

무왕이 묻기를, "집에 열 가지 도둑이 없는데도 부유하지 못한 자는 어찌하여 그렇습니까?"라고 하였다. 태공이 대답하기를, "그런 사람의 집에는 반드시 세 가지 소모가 있나이다."라고 하였다. 무왕이 묻기를, "무엇을 세 가지 소모라고 합니까?"라고 하였다. 태공이 대답하기를, "창고가 뚫려 있는데도 가리지 않아 쥐와 새들이 어지럽게 먹는 것이 첫째 소모요, 거두고 씨뿌림에 때를 놓치는 것이 둘째 소모요, 곡식을 퍼 흩뜨려 더럽고 천하게 다루는 것이 셋째 소모니이다."라고 하였다.

쓰기

武	王	曰	家	無	十	盜	而	不	富	者	何	如	太	公	曰	人
家	必	有	三	耗	武	王	曰	何	名	三	耗	太	公	曰	倉	庫
漏	濫	不	蓋	鼠	雀	亂	食	爲	一	耗	收	種	失	時	爲	二
耗	抛	撒	米	穀	穢	賤	爲	三	耗							

14

武王이 曰 家無三耗而不富者는 何如닛고

太公이 曰 人家에 必有一錯二誤三癡四失五逆六不祥七奴八賤九愚十强하여 自招其禍요 非天降殃이니다.

글자풀이

錯: 구밀 착, 그릇할 착
誤: 그릇할 오, 잘못 오
癡: 어리석을 치, 미칠 치
逆: 거스를 역, 허물 역
祥: 복 상, 조짐 상
奴: 종 노, 놈 노
招: 부를 초, 구할 초
禍: 재앙 화, 죄 화
降: 항복할 항, 내릴 강
殃: 재앙 앙, 해칠 양

해석

무왕이 묻기를, "집에 세 가지 소모가 없는데도 부유하지 못한자는 어찌하여 그렇습니까?" 라고 하였다. 태공이 대답하기를, "그런 사람의 집에는 반드시 일착, 이오, 삼치, 사실, 오역, 육불상, 칠노, 팔천, 구우, 십강이 있어서 스스로 그 재앙을 부르는 것이지, 하늘이 재앙을 내리는 것이 아닙니다."라고 하였다.

쓰기

武	王	曰	家	無	三	耗	而	不	富	者	何	如	太	公	曰	人
家	必	有	一	錯	二	誤	三	癡	四	失	五	逆	六	不	祥	七
奴	八	賤	九	愚	十	强	自	招	其	禍	非	天	降	殃		

15

武王이 曰 願悉聞之하나이다.

太公이 曰 養男不教訓爲一錯이요 嬰孩不訓爲二誤요

初迎新婦不行嚴訓爲三癡요 未語先笑爲四失이요

不養父母爲五逆이요 夜起赤身爲六不祥이요

好挽他弓爲七奴요 愛騎他馬爲八賤이요

喫他酒勸他人爲九愚요 喫他飯命朋友爲十强이니다

武王이 曰 甚美誠哉라 是言也여.

글자풀이

悉: 갖출 실, 다 실

嬰: 갓난아이 영, 닿을 영

孩: 어린아이 해, 어릴 해

迎: 맞이할 영, 맞출 영

嚴: 엄할 엄, 굳셀 엄

赤: 붉을 적, 벌거벗을 적.

挽: 당길 만, 말릴 만

弓: 활 궁, 여덟자 궁

騎: 말탈 기, 기마 기

喫: 먹을 끽, 마실 끽

飯: 밥 반, 먹을 반

甚: 심할 심, 무엇 심

誠: 정성 성, 참으로 성

哉: 비롯할 재, 어조사 재

해석

무왕이 말하기를, "그것을 모두 듣기를 원합니다."라고 하였다. 태공이 대답하기를, "아들을 기르며 가르치지 않는 것이 첫째 잘못이요, 어린 아이들을 훈계하지 않는 것이 둘째 그릇됨이요, 신부를 맞아들여 엄한 훈계를 하지 않는 것이 셋째 어리석음이요, 말하기도 전에 먼저 웃는 것이 넷째 과실이요, 부모를 봉양하지 않는 것이 다섯째 패역이요, 밤에 벌거벗은 몸으로 일어나는 것이 여섯째 상서롭지 못함이요, 남의 활을 당기기를 좋아하는 것이 일곱째 상스러움이요, 남의 말을 타기를 좋아하는 것이 여덟째 천함이요, 남의 술을 마시면서 다른 사람에게 권하는 것이 아홉째 어리석음이요, 남의 밥을 얻어먹으면서 친구에게 권하는 것이 열째 억지가 되나이다."라고 하였다. 무왕이 말하기를, "심히 아름답고도 진실되도다. 그 말씀이여!"라고 하였다.

쓰기

武	王	曰	願	悉	聞	之	太	公	曰	養	男	不	教	訓	爲	一
錯	嬰	孩	不	訓	爲	二	誤	初	迎	新	婦	不	行	嚴	訓	爲
三	癡	未	語	先	笑	爲	四	失	不	養	父	母	爲	五	逆	夜
起	赤	身	爲	六	不	祥	好	挽	他	弓	爲	七	奴	愛	騎	他
馬	爲	八	賤	喫	他	酒	勸	他	人	爲	九	愚	喫	他	飯	命
朋	友	爲	十	强	武	王	曰	甚	美	誠	哉	是	言	也		

제 14 편

치정편(治政篇)

解題

치정이란 政事를 다스린다는 말로, 관직에 있는 사람들이 사회질서를 바로 잡고 나라를 올바르게 다스려 백성들의 삶을 풍요롭게 하는 데 필요한 가르침들을 모아 놓았다.

1

明道先生이 曰 一命之士도 苟有存心於愛物이면 於人에 必有所濟니라.

글자풀이

苟: 진실로 구, 구차할 구

濟: 건널 제, 도울 제

참고

□ 明道先生: 중국 北宋 때의 유학자인 程顥(1032~1085)를 가리킴. 자는 伯淳, 호가 명도. 동생인 程頤 함께 朱熹에 앞서 性理學을 크게 발전시켰다.

□ 物: 외물 즉 나 이외의 만물

해석

명도선생이 말하기를, "처음으로 관직에 임명된 선비라도 진실로 만물을 사랑하는 데 마음을 둔다면 사람들에 대해 반드시 돕는 바가 있다."라고 하였다.

쓰기

明	道	先	生	曰	一	命	之	士	苟	有	存	心	於	愛	物	於
人	必	有	所	濟												

2

唐太宗御製에 云하되 上有麾之하고 中有乘之하고 下有附之하여 幣帛衣之하고 倉廩食之하니 爾俸爾祿이 民膏民脂니라 下民은 易虐이어니와 上蒼은 難欺니라.

글자풀이

宗: 마루 종, 가묘 종
御: 어거할 어, 모실 어
製: 지을 제, 만들 제
麾: 대장기 휘, 가리킬 휘
乘: 탈 승, 곱할 승
附: 붙을 부, 붙일 부
幣: 비단 폐, 폐백 폐
帛: 비단 백, 명주 백
廩: 곳집 름, 녹미 름
爾: 너 이, 그 이
俸: 녹 봉, 작을 봉
祿: 복 록, 녹 록
膏: 기름 고, 고약 고
脂: 비계 지, 연지 지
虐: 해롭게할 학, 사나울 학
蒼: 푸를 창, 허둥지둥할 창
欺: 속일 기, 거짓 기

참고

□ 唐太宗(598~649): 중국 唐나라의 제 2대 임금. 성은 李, 이름은 世民. 아버지 李淵을 도와 唐을 건국하였고, 태평성대를 이룬 것으로도 유명하다.

해석

당나라 태종의 어제에 이르기를, "위에는 지휘하는 사람이 있고, 가운데는 다스리는 관리가 있고, 아래에는 따르는 백성들이 있다. 예물로 받은 비단으로 옷 지어 입고, 창고에 있는 곡식을 먹으니, 너희들의 봉록은 백성들의 기름이다. 아래에 있는 백성들은 학대하기 쉽지만, 위에 있는 푸른 하늘은 속이기 어렵다."라고 하였다.

쓰기

唐	太	宗	御	製	云	上	有	麾	之	中	有	乘	之	下	有	附
之	幣	帛	衣	之	倉	廩	食	之	爾	俸	爾	祿	民	膏	民	脂
下	民	易	虐	上	蒼	難	欺									

3

童蒙訓에 曰 當官之法이 唯有三事하니

曰淸曰愼曰勤이라 知此三者면 知所以持身矣니라.

글자풀이

童: 아이 동, 종 동
蒙: 입을 몽, 어릴 몽, 어두울 몽
當: 당할 당, 마땅할 당
唯: 오직 유, 대답할 유
愼: 삼갈 신, 진실로 신
持: 가질 지, 지닐 지

참고

□ 童蒙訓: 중국 宋나라 때 呂本中이 지은 책. 아이들을 가르치는 데 필요한 正論과 격언들이 많이 실려있다.

해석

농봉훈에 이르기를, "관리가 된 사람이 지켜야 할 법으로 오직 세 가지 것이 있으니, 청렴함과 신중함과 근면함이다. 이 세 가지를 알면 몸가짐할 바를 알리라."라고 하였다.

쓰기

童	蒙	訓	曰	當	官	之	法	唯	有	三	事	曰	淸	曰	愼	曰
勤	知	此	三	者	知	所	以	持	身	矣						

4

當官者는 必以暴怒爲戒하여 事有不可어든 當詳處之면 必無不中이어니와 若先暴怒면 只能自害라 豈能害人이리오.

글자풀이

暴: 사나울 포, 쬘 폭, 앙상할 박
怒: 성낼 노, 세찰 노
戒: 경계할 계, 재계할 계
詳: 자세할 상, 갖춰질 상
中: 가운데 중, 맞을 중
豈: 어찌 기, 그 기

해석

관리가 된 자는 반드시 사납게 성내는 것을 경계하여, 일에 옳지 않음이 있을 때는 마땅히 자상하게 처리하면 반드시 맞지 않음이 없거니와, 만일 먼저 사납게 화를 내면 단지 스스로 해롭게 할 뿐이다. 어찌 남을 해롭게 할 수 있으리오.

쓰기

當	官	者	必	以	暴	怒	爲	戒	事	有	不	可	當	詳	處	之
必	無	不	中	若	先	暴	怒	只	能	自	害	豈	能	害	人	

5

事君을 如事親하며 事長官을 如事兄하며 與同僚를 如家人하며 待羣吏를 如奴僕하며 愛百姓을 如妻子하며 處官事를 如家事然後에야 能盡吾之心이니 如有毫末不至면 皆吾心에 有所未盡也니라.

글자풀이

事: 일 사, 섬길 사
僚: 벼슬아치 료, 동관 료
待: 기다릴 대, 대접할 대
羣: 무리 군, 떼질 군
吏: 벼슬아치 리, 아전 리

奴: 종 노, 놈 노
僕: 종 복, 저 복
盡: 다할 진, 가령 진
毫: 잔털 호, 조금 호
末: 끝 말, 사지 말

해석

임금 섬기기를 어버이 섬기듯이 하고, 상관 섬기기를 형 섬기듯이 하며, 동료 대하기를 집안 식구 대하듯 하고, 여러 아전 대접하기를 내 집 노복같이 하며, 백성 사랑하기를 내 처자같이 하고, 나라일 처리하기를 내 집안일 같이 한 뒤에라야 능히 내 마음을 다했다 할 수 있으니, 만일 털끝만치라도 이르지 못함이 있으면, 모두 내 마음에 다하지 못한 바가 있는 것이다.

쓰기

事	君	如	事	親	事	長	官	如	事	兄	與	同	僚	如	家	人
待	羣	吏	如	奴	僕	愛	百	姓	如	妻	子	處	官	事	如	家
事	然	後	能	盡	吾	之	心	如	有	毫	末	不	至	皆	吾	心
有	所	未	盡	也												

6

或이 問 簿는 佐令者也니 簿所欲爲를 令或不從이면 奈何닛고 伊川先生이 曰 當以誠意動之니라 今令與簿不和는 便是爭私意라 令是邑之長이니 若能以事父兄之道로 事之하여 過則歸己하고 善則唯恐不歸於令하며 積此誠意면 豈有不動得人이리오.

글자풀이

或: 혹 혹, 괴쩍어할 혹
簿: 장부 부, 맡을 부
佐: 도울 좌, 속료 좌
奈: 어찌 내, 어찌 나
伊: 저 이, 이 이
便: 편할 편, 곧 변
爭: 다툴 쟁, 어지 쟁
邑: 고을 읍, 영지 읍
恐: 두려울 공, 으를 공
積: 쌓을 적, 정체할 적

참고

□ 伊川先生(1033~1107): 중국 北宋때의 유학자. 성은 程, 이름은 頤, 자는 正叔. 형인 程顥와 함께 朱熹에 앞서 性理學을 크게 발전시켰다.
□ 奈何: 어떻게 해야 하는가?

해석

어떤 사람이 묻기를, "부는 영을 돕는 사람인데, 부가 하고자 하는 바를 영이 혹시 따르지 않는다면 어떻게 해야 합니까?"라고 하였다. 이천선생이 대답하기를, "마땅히 성의로서 그를 움직여야 한다. 지금 영과 부가 화목하지 못한 것은 곧 사사로운 생각으로 다투는 것이다. 영은 곧 고을의 장관이니, 만약 능히 부형을 섬기는 도리로 그를 섬겨, 잘못이 있으면 자기에게로 돌리고, 잘한 것은 오직 영에게 돌아가지 않을까 두려워해야 한다. 이와 같은 성의를 쌓는다면, 어찌 사람을 움직이지 못함이 있으리오."라고 하였다.

쓰기

或	問	簿	佐	令	者	也	簿	所	欲	爲	令	或	不	從	奈	何
伊	川	先	生	曰	當	以	誠	意	動	之	今	令	與	簿	不	和
便	是	爭	私	意	令	是	邑	之	長	若	能	以	事	父	兄	之
道	事	之	過	則	歸	己	善	則	唯	恐	不	歸	於	令	積	此
誠	意	豈	有	不	動	得	人									

7

劉安禮問臨民한대 明道先生이 曰 使民으로 各得輸其情이니라

問御吏한대 曰 正己以格物이니라.

글자풀이

劉: 성 류, 죽일 류

臨: 임할 림, 병거 림

使: 하여금 사, 부릴 사
輸: 보낼 수, 알릴 수

御: 어거할 어, 부릴 어
格: 이를 격, 바로잡을 격

참고

□ 劉安禮: 중국 北宋 때의 유학자. 자는 元素. 明道先生 즉 程顥와 程頤에게서 性理學을 공부했다.

해석

유안례가 백성에 임하는 도리를 묻자, 명도선생이 말하기를, "백성으로 하여금 각각 그들의 뜻을 알릴 수 있게 해야 한다."라고 하였다. 아전을 거느리는 도리를 묻자, 말하기를, "자기를 바르게 함으로써 남을 바르게 해야 한다."라고 하였다.

쓰기

劉	安	禮	問	臨	民	明	道	先	生	曰	使	民	各	得	輸	其
情	問	御	吏	曰	正	己	以	格	物							

8

抱朴子에 曰, 迎斧鉞而正諫하며
據鼎鑊而盡言이면 此謂忠臣也이니라.

글자풀이

抱: 안을 포, 가슴 포
朴: 나무껍질 박, 순박할 박
迎: 맞이할 영, 맞출 영
斧: 도끼 부, 직을 부
鉞: 도끼 월

諫: 간할 간, 헐뜯을 관
據: 의거할 거, 누를 거
鼎: 솥 정, 바야흐로 정
鑊: 가마솥 확
謂: 이를 위, 까닭 위

참고

□ 抱朴子: 중국 東晉때 道家 사상가인 葛洪의 저서. 갈홍의 호가 바로 포박자이다.

해석

포박자에 이르기를, "도끼를 맞더라도 바르게 간하며, 가마솥에 넣어져 눌리더라도 바른 말을 다하면 이를 충신이라 이른다."라고 하였다.

쓰기

抱	朴	子	曰	迎	斧	鉞	而	正	諫	據	鼎	鑊	而	盡	言	此
謂	忠	臣	也													

제 15 편

치가편(治家篇)

解題

유가에서는 자신을 잘 수양하고 나서 다음으로 가정을 잘 다스리기를 강조하였다. 이에는 가족간의 화목은 물론 알뜰한 살림살이와 훌륭한 자녀교육 등이 포함되는데, 이는 곧 사회와 국가의 번영으로 이어진다는 데서 특히 중요한 것이다.

1

司馬溫公이 曰 凡諸卑幼는 事無大小히 毋得專行하고 必咨稟於家長이니라.

글자풀이

諸: 모든 제, 어조사 제
卑: 낮을 비, 낮출 비
毋: 없을 무, 말 무
專: 오로지 전, 제멋대로할 전
咨: 물을 자, 탄식할 자
稟: 녹미 품, 사뢸 품
長: 길 장, 어른 장

해석

사마온공이 말하기를, "무릇 모든 손아랫사람들은 일의 크고 작음에 관계없이 제멋대로 해서는 안되고, 반드시 집안의 어른께 여쭈어 보아야 한다."라고 하였다.

쓰기

司	馬	溫	公	曰	凡	諸	卑	幼	事	無	大	小	毋	得	專	行
必	咨	禀	於	家	長											

2

待客은 不得不豐이요 治家는 不得不儉이니라.

글자풀이

待: 기다릴 대, 대접할 대

客: 손 객, 나그네 객

豐: 풍년들 풍, 넉넉할 풍

儉: 검소할 검

해석

손님을 대접함은 풍성하게 하지 않을 수 없으며, 집안의 살림살이는 검소하게 하지 않을 수 없다.

쓰기

待	客	不	得	不	豐	治	家	不	得	不	儉					

3

太公이 曰 癡人은 畏婦요 賢女는 敬夫니라.

글자풀이

癡: 어리석을 치, 미칠 치
畏: 두려워할 외, 두려움 외
敬: 공경할 경, 삼갈 경

해석

태공이 말하기를, "어리석은 사람은 아내를 두려워하고, 현명한 여자는 남편을 공경한다." 라고 하였다.

쓰기

太	公	曰	癡	人	畏	婦	賢	女	敬	夫						

4

凡使奴僕에 先念飢寒이니라.

글자풀이

使: 하여금 사, 부릴 사
奴: 종 노, 놈 노

僕: 종 복, 저 복

飢: 주릴 기, 흉년들 기

寒: 찰 한, 궁할 한

해석

무릇 종을 부림에 있어서는 먼저 배고픔과 추위를 생각해야 한다.

쓰기

凡	使	奴	僕	先	念	飢	寒									

5

子孝雙親樂이요 家和萬事成이니라.

글자풀이

雙: 쌍 쌍, 견줄 쌍

和: 온화할 화, 화목할 화

해석

아들이 효도하면 두 어버이가 즐겁고, 집안이 화목하면 모든 일이 이루어진다.

쓰기

子	孝	雙	親	樂	家	和	萬	事	成							

6

時時防火發하고 夜夜備賊來니라.

글자풀이

防: 막을 방, 둑 방
發: 쏠 발, 일어날 발
備: 갖출 비, 예방할 비
賊: 도둑 적, 해칠 적

해석

때때로 불이 나는 것을 막고, 밤마다 도둑이 드는 것을 방비하라.

쓰기

時	時	防	火	發	夜	夜	備	賊	來							

7

景行錄에 云하되 觀朝夕之早晏하여 可以卜人家之興替니라.

글자풀이

觀: 볼 관, 점칠 관
夕: 저녁 석, 밤 석
晏: 맑을 안, 늦을 안
卜: 점 복, 점칠 복
興: 일 흥, 일어날 흥
替: 폐할 체, 바꿀 체

해석

경행록에 이르기를, "아침 저녁밥이 이르고 늦음을 보고서 가히 그 사람 집의 흥하고 폐해짐을 점칠 수 있다."라고 하였다.

쓰기

景	行	錄	云	觀	朝	夕	之	早	晏	可	以	卜	人	家	之	興
替																

8

文仲子曰 婚娶而論財는 夷虜之道也니라.

글자풀이

仲: 비금 중, 가운데 중

婚: 혼인할 혼, 사돈 혼

娶: 장가들 취, 장가 취

夷: 오랑캐 이, 평평할 이

虜: 사로잡을 로, 오랑캐 로

참고

□ 文仲子: 중국 隋나라 때의 학자인 王通을 말한다. 문중자는 그가 죽은 뒤 그 제자들이 부른 호이며, 〈中說〉을 저술하였다.

해석

문중자가 말하기를, "혼인하는데 재물을 논하는 것은 오랑캐의 길이다."라고 하였다.

쓰기

文	仲	子	曰	婚	娶	而	論	財	夷	虜	之	道	也			

제 16 편

안의편(安義篇)

解題

인류의 인간관계 중 제일 기본이 부부관계이고, 다음이 부자관계이며, 그 다음이 형제관계이다. 이를 三親이라고 하는데 인륜에 있어서 가장 돈독하지 않을 수 없는 것이다. 안의편은 이 삼친의 바람직한 규범을 가르치고 있다.

1

顏氏家訓에 曰 夫有人民而後에 有夫婦하고
有夫婦而後에 有父子하고 有父子而後에 有兄弟하니
一家之親은 此三者而已矣라 自玆以往으로 至于九族이
皆本於三親焉이라 故로 於人倫에 爲重也니 不可不篤이니라.

글자풀이

顏: 얼굴 안, 성 안
已: 이미 이, 그칠 이
矣: 어조사 의
玆: 이 자, 검을 자
于: 어조사 우, 할 우
本: 근본 본, 근본으로할 본
焉: 어지 언, 어조사 언
篤: 도타울 독, 중할 독

참고

□ 安氏家訓: 중국 隋나라 때 顏之推가 자손들을 가르치기 위해 지은 책.
□ 而已: …일 따름이다.
□ 至于: …에 이르기까지.

□ 九族: 九代를 가리키는데, 즉 고조 · 증조 · 조부 · 부 · 본인 · 자 · 손자 · 증손 · 현손 까지의 直系親을 중심으로 하여 형제 · 종형제 · 재종형제 · 삼종형제를 포함하는 同族親族 모두를 말한다.

해석

안씨가훈에 이르기를, "대저 백성이 있는 뒤에 부부가 있고, 부부가 있은 뒤에 부자(父子)가 있고 부자(父子)가 있은 뒤에 형제가 있으니, 한 집안의 친함은 이 세 가지 뿐이다. 이로부터 나아가 구족(九族)에 이르기까지 모두 이 삼친(三親)에 근본한다. 그러므로 인륜에 있어서 가장 중요한 것이니 돈독하게 하지 않을 수 없다."라고 하였다.

쓰기

顔	氏	家	訓	曰	夫	有	人	民	而	後	有	夫	婦	有	夫	婦
而	後	有	父	子	有	父	子	而	後	有	兄	弟	一	家	之	親
此	三	者	而	已	矣	自	茲	以	往	至	于	九	族	皆	本	於
三	親	焉	故	於	人	倫	爲	重	也	不	可	不	篤			

2

莊子曰 兄弟는 爲手足하고 夫婦는 爲衣服이니
衣服破時엔 更得新이어니와 手足斷處엔 難可續이니라.

글자풀이

服: 옷 복, 복용할 복
破: 깨질 파, 깨뜨릴 파
續: 이을 속, 계속 속

해석

장자가 말하기를, "형제는 손발과 같고 부부는 의복과 같으니, 의복이 떨어졌을 때는 다시 새 옷을 얻을 수 있지만 손발이 끊어진 곳은 다시 잇기가 어렵다."라고 하였다.

쓰기

莊	子	曰	兄	弟	爲	手	足	夫	婦	爲	衣	服	衣	服	破	時
更	得	新	手	足	斷	處	難	可	續							

3

蘇東坡 云하되 富不親兮貧不疎는 此是人間大丈夫요
富則進兮貧則退는 此是人間眞小輩니라.

글자풀이

兮: 어조사 혜
疎: 멀리할 소, 드물 소
丈: 장 장, 어른 장
輩: 무리 배, 짝 배

해석

소동파가 말하기를, "부유하다고 친하지 않고 가난하다고 멀리하지 않음은 이는 곧 사람 가운데 대장부요, 부유하면 나아가고 가난하면 물러남은 이는 곧 사람 가운데 진짜 소인배이다."라고 하였다.

쓰기

蘇	東	坡	云	富	不	親	兮	貧	不	疎	此	是	人	間	大	丈
夫	富	則	進	兮	貧	則	退	此	是	人	間	眞	小	輩		

제 17 편

준례편(遵禮篇)

解題

준례란 예를 따른다는 말이며, 예란 법에 우선하는 인간사회의 질서를 유지하는 규범이다. 이 편에는 예의 바른 사회 구성원으로서 살아가는 데 도움이 되는 가르침을 모아 놓았다.

1

子曰 居家有禮故로 長幼辨하고 閨門有禮故로 三族和하고 朝廷有禮故로 官爵序하고 田獵有禮故로 戎事閑하고 軍旅有禮故로 武功成이니라.

글자풀이

長: 길 장, 어른 장
幼: 어릴 유, 어린아이 유
辨: 나눌 변, 분별할 변
閨: 협문 규, 도장방 규(뷰녀자 방)
族: 겨레 족, 무리 족
廷: 조정 정, 공변될 정
爵: 벼슬 작, 벼슬줄 작
序: 차례 서, 실마리 서
獵: 사냥 렵, 찾을 렵
戎: 오랑캐 융, 군사 융
閑: 한가할 한, 익을 한
旅: 나그네 려, 군사 려
功: 공 공, 보람 공

참고

□ 閨門: 안방 즉 부녀자 방.

□ 三族: 자기 집안 즉 친가와 외가 · 처가.

해석

공자가 말하기를, "집안에 예가 있으므로 어른과 아이가 분별이 있고, 규문에 예가 있으므로 삼족이 화목하고, 조정에 예가 있으므로 벼슬이 차례가 있고, 사냥하는데 예가 있으므로 군사의 일이 숙달되고, 군대에 예가 있으므로 무공이 이루어진다."라고 하였다.

쓰기

子	曰	居	家	有	禮	故	長	幼	辨	閨	門	有	禮	故	三	族
和	朝	廷	有	禮	故	官	爵	序	田	獵	有	禮	故	戎	事	閑
軍	旅	有	禮	故	武	功	成									

2

子曰 君子有勇而無禮면 爲亂하고 小人이 有勇而無禮면 爲盜니라.

글자풀이

勇: 날랠 용, 용감할 용

亂: 어지러울 난, 난리 난

盜: 훔칠 도, 도둑 도

해석

공자가 말하기를, "군자가 용맹만 있고 예가 없으면 세상을 어지럽게 하고, 소인이 용맹만 있고 예가 없으면 도둑이 된다."라고 하였다.

쓰기

子	曰	君	子	有	勇	而	無	禮	爲	亂	小	人	有	勇	而	無
禮	爲	盜														

3

曾子曰 朝廷엔 莫如爵이요 鄕黨엔 莫如齒요
輔世長民엔 莫如德이니라.

글자풀이

鄕: 마을 향, 시골 향
黨: 마을 당, 무리 당
齒: 이 치, 나이 치
輔: 광대뼈 보, 도울 보

참고

□ 曾子: 중국 春秋시대 魯나라 사람으로, 공자의 제자. 이름은 參, 자는 子輿. 효자로 유명하며, 顔子 · 子思 · 孟子와 함께 四聖으로 꼽힌다.

해석

증자가 말하기를, "조정에는 벼슬만한 것이 없고, 마을에는 나이만한 것이 없으며, 세상을 돕고 백성을 잘 살게 하는 데에는 덕(德)만한 것이 없다."라고 하였다.

쓰기

曾	子	曰	朝	廷	莫	如	爵	鄉	黨	莫	如	齒	輔	世	長	民
莫	如	德														

4

老小長幼는 天分秩序니 不可悖理而傷道也니라.

글자풀이

秩: 차례 질, 녹 질
悖: 어긋날 패, 우쩍일이날 발
傷: 다칠 상, 해칠 상

해석

늙은이와 젊은이, 어른과 어린이는 하늘이 나눈 질서이니, 이치에 어긋나서 도리를 해쳐서는 안된다.

쓰기

老	長	幼	天	分	秩	序	不	可	悖	理	而	傷	道	也		

5

出門如見大賓하고 入室如有人이니라.

글자풀이

賓: 손 빈, 대접 빈

해석

문 밖에 나가서는 큰 손님을 대하는 것같이 하고, 방에 들어와서는 사람이 있는 것같이 하라.

쓰기

出	門	如	見	大	賓	入	室	如	有	人						

6

若要人重我인데 無過我重人이니라.

글자풀이

若: 만약 약, 같을 약
要: 필요 요, 구할 요
重: 무거울 중, 중히여길 중
過: 지날 과, 허물 과

해석

만약 남이 나를 중히 여기게 하려면, 내가 남을 중히 여기는 것보다 나은 것이 없다.

쓰기

若	要	人	重	我	無	過	我	重	人							

7

父不言子之德하며 子不談父之過니라.

글자풀이

談: 이야기 담, 이갸기할 담

해석

아버지는 아들의 덕을 말하지 말며, 아들은 아버지의 허물을 말하지 말라.

쓰기

父	不	言	子	之	德	子	不	談	父	之	過					

제 18 편

언어편(言語篇)

解題

말이란 사람 마음의 표현으로 그 사람의 교양을 대변하며, 나아가 가정이나 국가의 흥망성쇠에 큰 영향을 미치기도 하는 것이다. 신중하고 이치에 맞는 올바른 언어생활에 대해 생각해보자.

1

劉會曰 言不中理면 不如不言이니라.

참고

□ 劉會: 인물 및 시대 미상.

해석

유회가 말하기를, "말이 이치에 맞지 아니하면 말하지 않음만 같지 못하다."라고 하였다.

쓰기

劉	會	曰	言	不	中	理	不	如	不	言						

2

一言不中이면 千語無用이니라.

글자풀이

中: 가운데 중, 맞을 중

해석

한 마디 말이 맞지 않으면, 천 마디 말이 소용이 없다.

쓰기

一	言	不	中	千	語	無	用									

3

君平이 曰 口舌者는 禍患之門이요 滅身之斧也이니라.

글자풀이

舌: 혀 설

患: 근심 환, 앓을 환

滅: 멸할 멸, 멸망할 멸

斧: 도끼 부, 찍을 부

참고

□ 君平: 인물 및 시대 미상.

해석

군평이 말하기를, "입과 혀는 재앙과 근심의 문이며, 몸을 망치는 도끼이다."라고 하였다.

쓰기

君	平	曰	口	舌	者	禍	患	之	門	滅	身	之	斧	也		

4

利人之言은 煖如綿絮하고 傷人之語는 利如荊棘하여
一言利人에 重値千金이요 一語傷人에 痛如刀割이니라.

글자풀이

煖: 따뜻할 난, 따뜻이할 난
綿: 솜 면, 연이을 면
絮: 솜 서, 버들개지 서
傷: 다칠 상, 해칠 상, 상하게할 상
荊: 가시나무 형, 아내 형
棘: 가시나무 극, 가시 극
値: 만날 치, 값 치
痛: 아플 통, 몹시 통
割: 가를 할, 빼앗을 할

해석

사람을 이롭게 하는 말은 따뜻하기가 솜과 같고, 사람을 해치는 말은 날카롭기가 가시와 같으니, 한마디 말이 사람을 이롭게 함은 중하기가 천금과 같고, 한마디 말이 사람을 다치게 함은 아프기가 칼로 베는 것과 같다.

쓰기

利	人	之	言	煖	如	綿	絮	傷	人	之	語	利	如	荊	棘	一
言	利	人	重	値	千	金	一	語	傷	人	痛	如	刀	割		

5

口是傷人斧요 言是割舌刀니 閉口深藏舌이면 安身處處牢니라.

글자풀이

閉: 닫을 폐, 막을 폐

藏: 감출 장, 숨을 장

牢: 우리 뢰, 안온할 뢰

해석

입은 남을 상하게 하는 도끼요, 말은 자기 혀를 베는 칼이니, 입을 다물고 혀를 깊이 감추면 몸이 편안하여 어느 곳에서도 안온하다.

쓰기

口	是	傷	人	斧	言	是	割	舌	刀	閉	口	深	藏	舌	安	身
處	處	牢														

6

逢人且說三分話하되 未可全抛一片心이니

不怕虎生三個口요 只恐人情兩樣心이니라.

글자풀이

逢: 만날 봉, 맞을 봉

且: 또 차, 장차 차

抛: 버릴 포, 던질 포

片: 조각 편, 꽃잎 편

怕: 두려워할 파, 아마 파

個: 낱 개, 한쪽 개

樣: 본 양, 모양 양

해석

사람을 만나서 삼 할의 말만 하되, (자기가 지니고 있는) 한 조각 마음을 다 던지지 말지니, 호랑이에게 세 개의 입이 난 것을 두려워하지 말고, 오직 사람의 두 가지 마음을 두려워하라.

쓰기

逢	人	且	說	三	分	話	未	可	全	抛	一	片	心	不	怕	虎
生	三	個	口	只	恐	人	情	兩	樣	心						

7

酒逢知己千鍾少요 話不投機一句多니라.

글자풀이

鍾: 술잔 종, 쇠북 종
投: 던질 투, 맞을 투
機: 틀 기, 계기 기

해석

술은 나를 아는 친구를 만나면 천 잔도 적고, 말은 뜻이 맞지 않으면 한 마디도 많다.

쓰기

酒	逢	知	己	千	鍾	少	話	不	投	機	一	句	多			

제 19 편

교우편(交友篇)

解題

앞서 安義篇에서 살펴본 인륜의 근본인 三親 다음으로 중요한 것이 친구관계라고 할 수 있다. 때문에 유가에서는 五倫 속에 朋友有信의 항목을 넣어 믿을 수 있는 진정한 벗의 중요성을 강조하고 있다.

1

子曰 與善人居면 如入芝蘭之室하여 久而不聞其香하되 卽與之化矣요 與不善人居면 如入鮑魚之肆하여 久而不聞其臭하되 亦與之化矣니 丹之所藏者는 赤하고 漆之所藏者는 黑이라 是以로 君子는 必愼其所與處者焉이니라.

글자풀이

芝: 영지 지, 버섯 지
蘭: 난초 란, 목련 란
卽: 곧 즉, 나아갈 즉
與: 줄 여, 더불 여
化: 화활 화, 교화 화
鮑: 절인어물 포, 전복 포
肆: 가게 사, 방자할 사
臭: 냄새 취, 구린내 취
丹: 주사 단, 붉을 단.
藏: 감출 장, 숨을 장.
漆: 옷나무 칠, 옷칠 칠
愼: 삼갈 신, 진실로 신

참고

□ 芝蘭: 靈芝와 蘭草를 가리키며, 모두 香草임, 轉하여 善人才子를 뜻하기도 함

해석

공자가 말하기를, "착한 사람과 같이 지내면 지초와 난초가 있는 방에 들어간 것과 같아서 오래되면 그 향기를 맡지 못할지라도 곧 그 향기와 더불어 동화되고, 착하지 못한 사람과 같이 지내면 마치 절인 어물을 파는 가게에 들어간 것 같아서 오래되면 그 냄새를 맡지 못할지라도 역시 그 냄새와 더불어 동화되나니, 주사(朱砂)가 지닌 것은 붉은 것이고, 옻이 지니고 있는 것은 검은 것이다. 그러므로 군자는 반드시 더불어 함께 있는 자를 신중히 한다."라고 하였다.

쓰기

子	曰	與	善	人	居	如	入	芝	蘭	之	室	久	而	不	聞	其
香	卽	與	之	化	矣	與	不	善	人	居	如	入	鮑	魚	之	肆
久	而	不	聞	其	臭	亦	與	之	化	矣	丹	之	所	藏	者	赤
漆	之	所	藏	者	黑	是	以	君	子	必	愼	其	所	與	處	者
焉																

2

家語에 云하되 與好學人同行이면 如霧中行하여
雖不濕衣라도 時時有潤하고 與無識人同行에 如厠中坐하야

雖不汚衣라도 **時時聞臭**니라.

글자풀이

霧: 안개 무
露: 이슬 로, 드러날 로
雖: 비록 수, 밀 수
濕: 축축할 습, 습기 습
潤: 젖을 윤, 윤택할 윤
厠: 뒷간 측, 돼지우리 측
汚: 더러울 오, 더럽힐 오

해석

공자가어에 이르기를, "학문을 좋아하는 사람과 동행하면 마치 안개 속을 가는 것과 같아서 비록 옷을 적시지는 않더라도 때때로 윤택함이 있고, 무식한 사람과 동행하면 마치 뒷간에 앉아 있는 것과 같아서 비록 옷을 더럽히지는 않더라도 때때로 그 냄새가 맡아진다."라고 하였다.

쓰기

家	語	云	與	好	學	人	同	行	如	霧	中	行	雖	不	濕	衣
時	時	有	潤	與	無	識	人	同	行	如	厠	中	坐	雖	不	汚
衣	時	時	聞	臭												

3

子曰 晏平仲은 善與人交도다 久而敬之니라.

글자풀이

晏: 맑은 안, 늦을 안
仲: 버금 중, 가운데 중
敬: 공경할 경, 삼갈 경

참고

□ 安平仲: 중국 春秋시대 齊나라의 재상. 이름은 嬰, 平은 시호이고, 仲은 형제 사이의 서열이다.

해석

공자가 말하기를, "안평중은 사람 사귀기를 잘하는도다. 오래되어도 (남들이 그를) 공경하는구나."라고 하였다.

쓰기

子	曰	晏	平	仲	善	與	人	交	久	而	敬	之				

4

相識이 滿天下하되 知心能幾人고

글자풀이

滿: 찰 만, 교만할 만 | 幾: 빌미 기, 얼마 기

해석

서로 얼굴을 아는 사람은 세상에 가득하지만 마음을 아는 사람은 능히 몇이나 되겠는가.

쓰기

相	識	滿	天	下	知	心	能	幾	人							

5

酒食兄弟는 千個有로되 急難之朋은 一個無니라.

글자풀이

個: 낱 개(☞참고) | 急: 급할 급, 서두를 급

참고

□ 個: 量詞로서, 물건 뿐만 아니라 사람을 헤아리는 데에도 쓰임.

해석

술과 음식을 먹을 때의 형제는 천 명이나 있지만, 급하고 어려울 때의 친구는 한 명도 없다.

쓰기

酒	食	兄	弟	千	個	有	急	難	之	朋	一	個	無			

6

不結子花는 休要種이요 無義之朋은 不可交니라.

글자풀이

結: 맺을 결, 매듭 결

子: 아들 자(여기서는 열매를 뜻함)

休: 쉴 휴, 말 휴

種: 씨 종, 심을 종

해석

열매를 맺지 않는 꽃은 심지 말고, 의리 없는 친구는 사귀지 말라.

쓰기

不	結	子	花	休	要	種	無	義	之	朋	不	可	交			

7

君子之交는 淡如水하고 小人之交는 甘若醴니라.

글자풀이

淡: 싱거울 담, 담박할 담
如: 같을 여, 만약 여
甘: 달 감
若: 만약 약, 같을 약
醴: 단술 례, 달 례

해석

군자의 사귐은 담박하기가 물과 같고, 소인의 사귐은 달콤하기가 단술 같다.

쓰기

君	子	之	交	淡	如	水	小	人	之	交	甘	若	醴			

8

路遙知馬力이요 日久見人心이니라.

글자풀이

路: 길 로, 고달플 로
遙: 멀 요, 아득할 요

해석

길이 멀어야 말의 힘을 알고, 날이 오래 되어야 사람의 마음을 알 수 있다.

쓰기

路	遙	知	馬	力	日	久	見	人	心							

제 20 편

부행편(婦行篇)

解題

남자의 입신출세와 자손의 번영에는 아내로서 또 어머니로서 여자의 역할이 극히 중요하다. 때문에 유교사회에서는 여성에게 본격적인 학문을 가르치지는 않았지만 부녀자의 수양에 대해서 상당히 중시했다.

1

益智書에 云하되 女有四德之譽하니 一曰婦德이요
二曰婦容이요 三曰婦言이요 四曰婦工也니라.

글자풀이

譽: 명예 예, 기릴 예
婦: 지어미 부, 아내 부
容: 얼굴 용, 모습 용
工: 장인 공, 일 공

해석

익지서에 이르기를, "여자에게는 네 가지 덕의 명예가 있으니, 첫째는 부인의 덕을 말하고, 둘째는 부인의 용모를 말하고, 셋째는 부인의 말을 말하며, 넷째는 부인의 일을 말한다."라고 하였다.

쓰기

益	智	書	云	女	有	四	德	之	譽	一	曰	婦	德	二	曰	婦

容	三	曰	婦	言	四	曰	婦	工	也							

2

婦德者는 不必才名絶異요 婦容者는 不必顔色美麗요
婦言者는 不必辯口利詞요 婦工者는 不必技巧過人也니라.

글자풀이

絶: 뛰어날 절, 끊을 절
異: 다를 이, 괴이할 이
顔: 얼굴 안, 이마 안
麗: 고울 려, 맑을 려

辯: 말잘할 변, 다툴 변
詞: 고할 사, 말 사
技: 재주 기, 재능 기
巧: 공교할 교, 재주 교

해석

부인의 덕이라는 것은 반드시 재주와 이름이 특별히 뛰어난 것이 아니고, 부인의 용모라는 것은 반드시 얼굴이 아름답고 고운 것이 아니고, 부인의 말이라는 것은 반드시 입담이 좋고 말을 잘하는 것이 아니고, 부인의 일이라는 것은 반드시 솜씨가 남보다 뛰어난 것이 아니다.

쓰기

婦	德	者	不	必	才	名	絶	異	婦	容	者	不	必	顔	色	美

麗	婦	言	者	不	必	辯	口	利	詞	婦	工	者	不	必	技	巧
過	人	也														

3

其婦德者는 淸貞廉節하여 守分整齊하고 行止有恥하며
動靜有法이니 此爲婦德也요 婦容者는 洗浣塵垢하며
衣服鮮潔하며 沐浴及時하여 一身無穢니 此爲婦容也요
婦言者는 擇詞而說하여 不談非禮하고 時然後言하여
人不厭其言이니 此爲婦言也요 婦工者는 專勤紡績하고
勿好暈酒하며 供具甘旨하여 以奉賓客이니 此爲婦工也니라.

글자풀이

貞: 곧을 정, 점칠 정
廉: 청렴할 렴, 쌀 렴
節: 마디 절, 절개 절
守: 지킬 수, 절개 수
整: 가지런할 정, 가지런히할 정
齊: 가지런할 제, 가지런히할 제
止: 그칠 지, 거동 지
恥: 부끄러워할 치, 욕 치

靜: 조용할 정, 깨끗할 정
洗: 씻을 세, 그릇 세
浣: 빨 완, 싯을 완
塵: 티끌 진, 때 진
垢: 때 구, 때묻을 구
鮮: 고울 선, 새 선
潔: 깨끗할 결, 깨끗이할 결
沐: 머리감을 목, 씻을 목

浴: 목욕할 욕, 입을 욕
及: 거칠 예, 더럽힐 예
穢: 더러울 예
擇: 가릴 택
厭: 싫어할 염, 물릴 염
紡: 자을 방, 실 방

續: 이을 속, 계속 속
供: 이바지할 공, 받들 공
具: 갖출 구, 모두 구
旨: 맛 지, 뜻 지
奉: 받들 봉, 바칠 봉
賓: 손 빈, 대접할 빈

해석

그 부인의 덕이라는 것은 맑고 곧고 청렴하고 절개있으며, 분수를 지키고 몸가짐을 가지런히 하며, 행동거지 수줍음이 있으며, 움직이고 고요함에 법도가 있는 것이니, 이것이 부인의 덕이요, 부인의 용모라는 것은 먼지나 때를 깨끗이 빨아 옷차림을 정결하게 하며, 목욕은 제때에 하여 몸에 더러움이 없는 것이니, 이것이 부인의 용모요, 부인의 말이라는 것은 말을 가려서 하며, 예의에 어긋나는 말을 하지 않고, 꼭 해야 할 때에만 말을 해서 사람들이 그 말을 싫어하지 않는 것이니, 이것이 부인의 말이요, 부인의 일이라는 것은 오로지 길쌈을 부지런히 하며, 술을 빚는 것을 좋아하지 않고, 맛있는 음식을 갖추어 손님을 받드는 것이니, 이것이 부인의 일이다.

쓰기

其	婦	德	者	淸	貞	廉	節	守	分	整	齊	行	止	有	恥	動
靜	有	法	此	爲	婦	德	也	婦	容	者	洗	浣	塵	垢	衣	服
鮮	潔	沐	浴	及	時	一	身	無	穢	此	爲	婦	容	也	婦	言
者	擇	詞	而	說	不	談	非	禮	時	然	後	言	人	不	厭	其

言	此	爲	婦	言	也	婦	工	者	專	勤	紡	績	勿	好	暈	酒
供	具	甘	旨	以	奉	賓	客	此	爲	婦	工	也				

4

此四德者는 是婦人之所不可缺者라 爲之甚易하고 務之在正이니 依此而行이면 是爲婦節이니라.

글자풀이

缺: 이지러질 결, 모자랄 결

務: 힘쓸 무, 일 무

依: 의지할 의, 좇을 의

해석

이 네 가지 덕은 부녀자가 빠뜨려서는 안되는 것이니, 그것을 행하기는 매우 쉽고 힘씀은 바른데 있으니, 이에 의하여 행한다면 곧 부녀자의 범절이 된다.

쓰기

此	四	德	者	是	婦	人	之	所	不	可	缺	者	爲	之	甚	易
務	之	在	正	依	此	而	行	是	爲	婦	節					

5

太公이 曰 婦人之禮는 語必細니라.

글자풀이

細: 가늘 세, 적을 세

해석

태공이 말하기를, "부인의 예절은 말소리가 반드시 가늘어야 한다."라고 하였다.

쓰기

太	公	曰	婦	人	之	禮	語	必	細							

6

賢婦는 令夫貴요 惡婦는 令夫賤이니라.

글자풀이

令: 하여금 령, 명령할 령

賤: 천할 천, 천히여길 천

해석

어진 아내는 남편으로 하여금 귀하게 하고, 악한 아내는 남편으로 하여금 천하게 한다.

쓰기

賢	婦	令	夫	貴	惡	婦	令	夫	賤							

7

家有賢妻면 夫不遭橫禍니라.

글자풀이

妻: 아내 처, 시집보낼 처
遭: 만날 조, 우를 조

橫: 가로 횡, 가로놓일 횡(뜻밖을 의미)

해석

집에 어진 아내가 있으면 남편은 뜻밖의 재앙을 만나지 않는다.

쓰기

家	有	賢	妻	夫	不	遭	橫	禍								

8

賢婦는 和六親하고 佞婦는 破六親이니라.

글자풀이

佞: 재주있을 녕, 사특할 녕(간악함)

破: 파할 파, 깨뜨릴 파

참고

□ 六親: 보통 부모형제처자를 말하는데, 여기서는 가까운 친척을 가리킨다.

해석

어진 아내는 육친을 화목하게 하고, 간악한 부인은 육친의 화목을 깨뜨린다.

쓰기

賢	婦	和	六	親	佞	婦	破	六	親							

제21편

증보편(增補篇)

解題

이 편 이후로는 이제까지의 본편 외에 뒷날 첨가된 보충편이라고 할 수 있는데, 주로 선행·효행·권학·염치·의리 등에 관한 金言과 실록들을 모아놓은 것이다.

1

周易에 曰 善不積이면 不足以成名이요 惡不積이면 不足以滅身이어늘 小人은 以小善으로 爲無益而弗爲也하고 以小惡으로 爲無傷而弗去也니라

故로 惡積而不可掩이요 罪大而不可解니라.

글자풀이

周: 두루 주, 주나라 주
積: 쌓을 적, 쌓일 적
滅: 멸할 멸, 멸망할 멸
益: 이로울 익, 더욱 익
弗: 아닐 불, 떨 불
掩: 흙을덮을 엄
解: 풀 해, 벗을 해

해석

주역에 이르기를, "선이 쌓이지 않으면 족히 이름을 이루지 못하고, 악이 쌓이지 않으면 족히 몸을 망치지 못하거늘, 소인은 조그마한 선으로서는 이익됨이 없다고 하여 행하지 않고, 조그마한 악으로는 해로움이 없다고 하여 버리지 않는다. 그러므로 악이 쌓이면 가히 가리지

못하고, 죄가 크면 가히 풀지 못한다."라고 하였다.

쓰기

周	易	曰	善	不	積	不	足	以	成	名	惡	不	積	不	足	以
滅	身	小	人	以	小	善	爲	無	益	而	弗	爲	也	以	小	惡
爲	無	傷	而	弗	去	也	故	惡	積	而	不	可	掩	罪	大	而
不	可	解														

2

履霜하면 堅氷至라 하니 臣弑其君하며
子弑其父가 非一旦一夕之事라 其由來者漸矣니라.

글자풀이

履: 밟을 리, 신 리
霜: 서리 상, 흴 상
堅: 굳을 견, 굳어질 견
氷: 얼음 빙, 얼 빙
弑: 죽일 시
旦: 아침 단, 밝을 단
夕: 저녁 석, 밤 석
漸: 차차 점, 차례 점
矣: 어조사 의

해석

서리를 밟으면 굳은 얼음이 이른다 하니, 신하가 그 임금을 죽이고 자식이 그 아비를 죽이는 것이 하루 아침 하루 저녁에 이루어지는 것이 아니라 그 유래된 것이 오래된 것이다.

쓰기

履	霜	堅	氷	至	臣	弑	其	君	子	弑	其	父	非	一	旦	一
夕	之	事	其	由	來	者	漸	矣								

제 22 편

팔반가(八反歌)

解題

이 편은 효도에 관한 가르침을 詩歌로 엮은 것인데, 여덟 가지 반대되는 사실을 중심으로 엮는 수법을 써서, 자식이 부모에게 어떤 마음가짐을 가져야 하는지에 대해 큰 교훈을 주고 있다.

1

幼兒或詈我하면 我心에 覺懽喜하고 父母嗔怒我하면 我心에 反不甘이라 一喜懽一不甘하니 待兒待父心何懸고 勸君今日逢親怒어든 也應將親作兒看하라.

글자풀이

幼: 어릴 유, 얼릴때 유
或: 혹 혹, 혹이 혹
詈: 꾸짖을 리, 빗대어욕할 리
覺: 깨달을 각, 나타날 각
懽: 기뻐할 환
喜: 기쁠 희, 좋아할 희
嗔: 성낼 진, 성할 전
怒: 성낼 노, 세찰 노
甘: 달 감, 맛댈 감
待: 기다릴 대, 대접할 대
懸: 달 현, 현격할 현
逢: 만날 봉, 맞을 봉
應: 응당 응, 응할 응
將: 장차 장, 장수 장

해석

어린 아이가 혹 나를 꾸짖으면 내 마음에 기쁨을 느끼고, 부모가 성내서 나를 꾸짖으면 내 마음에 도리어 달갑지 않다. 하나는 기쁘고 하나는 달갑지 않으니 아이를 대하는 것과 아버지를 대하는 마음이 어찌 그리 다른가? 그대에게 권하노니 오늘 어버이의 노여움을 만나거든 또한 마땅히 어버이를 어린 아이로 보아라.

쓰기

幼	兒	或	詈	我	我	心	覺	懽	喜	父	母	嗔	怒	我	我	心
反	不	甘	一	喜	懽	一	不	甘	待	兒	待	父	心	何	懸	勸
君	今	日	逢	親	怒	也	應	將	親	作	兒	看				

2

兒曹는 出千言하되 君聽常不厭하고 父母는 一開口언만 便道多閑管이라 非閑管親掛牽이나 皓首白頭에 多諳練이라 勸君敬奉老人言하고 莫教乳口爭長短하라.

글자풀이

曹: 무리 조, 짝 조
聽: 들을 청, 기다릴 청
厭: 싫어할 염, 물릴 염
便: 편할 편, 곧 변
閑: 한가로울 한, 익을 한
管: 관 관, 단속할 관
掛: 걸 괘
牽: 끌 견, 거리낄 견

皓: 흴 호, 깨끗할 호
諳: 알 암, 욀 암

練: 익힐 련, 누일 련
乳: 젖 유, 젖먹일 유

참고

□ 兒曹: 이이의 무리, 즉 어린 자식들을 말함.
□ 掛牽: 걱정하다.
□ 皓首: 머리털이 하얗게 셈.
□ 諳練: 사물에 정통하다, 즉 아주 익숙하게 알다.

해석

아이들은 천 마디 말을 하되 그대는 듣기를 항상 싫어하지 않고, 부모는 한 번 입을 열었건만 곧 부질없이 간섭이 많다고 한다. 부질없는 간섭이 아니라 어버이는 걱정하는 것이다. 흰 머리가 되는 동안 아는 것이 많은 것이다. 그대에게 권하노니, 노인의 말씀을 공경하여 받들고 젖내나는 입으로 길고 짧음을 다투지 말게 하라.

쓰기

兒	曹	出	千	言	君	聽	常	不	厭	父	母	開	口	便	道	多
閑	管	非	閑	管	親	掛	牽	皓	首	白	頭	多	諳	練	勸	君
敬	奉	老	人	言	莫	敎	乳	口	爭	長	短					

3

幼兒尿糞穢는 君心에 無厭忌로되 老親涕唾零은
反有憎嫌意니라 六尺軀來何處오 父精母血成汝體라
勸君敬待老來人하라 壯時爲爾筋骨敝니라.

글자풀이

尿: 오줌 뇨
糞: 똥 분, 거름줄 분
穢: 거칠 예, 더러울 예
忌: 미워할 기, 꺼릴 기
涕: 눈물 체, 울 체
唾: 침 타, 침뱉을 타
零: 떨어질 령, 나머지 령
憎: 미워할 증, 미움받을 증
嫌: 싫어할 혐, 의심할 혐
軀: 몸 구
汝: 너 여, 물이름 여
壯: 씩씩할 장, 왕성할 장
爾: 너 이, 그 이
筋: 힘줄 근, 힘 근
敝: 해질 폐, 피폐할 폐

해석

어린 아이의 오줌과 똥 같은 더러운 것은 그대 마음에 싫어함이 없지만, 늙은 어버이의 눈물과 침이 떨어지는 것은 도리어 미워하고 싫어하는 뜻이 있다. 여섯 자 되는 몸이 어느 곳에서 왔는가? 아버지의 정기와 어머니의 피로 너의 몸이 이루어졌도다. 그대에게 권하노니, 늙어가는 사람을 공경하여 대접하라. 젊었을 때 너 때문에 힘줄과 뼈가 피폐해졌다.

쓰기

幼	兒	尿	糞	穢	君	心	無	厭	忌	老	親	涕	唾	零	反	有
憎	嫌	意	六	尺	軀	來	何	處	父	精	母	血	成	汝	體	勸
君	敬	待	老	來	人	壯	時	爲	爾	筋	骨	敝				

4

看君晨入市하여 買餠又買餻하니 少聞供父母하고 多說供兒曹라
親未啖兒先飽하니 子心이 不比親心好라
勸君多出買餠錢하여 供養白頭光陰少하라.

글자풀이

晨: 새벽 신, 새벽알릴 신
買: 살 매, 세낼 매
餠: 떡 병(보릿가루로 만든 떡)
餻: 떡 고(경단)
供: 이바지할 공, 받들 공
啖: 먹을 담, 삼킬 담
飽: 배부를 포, 만족할 포
錢: 돈 전, 가래 전
陰: 음기 음, 그늘 음

해석

그대가 새벽에 시장 들어가서 떡을 사는 것을 보니 부모에게 드린다는 말은 적게 들리고 아

이들에게 준다고 많이 말한다. 어버이는 먹지도 못했는데 아이가 먼저 배부르니, 자식의 마음은 어버이의 마음이 좋아하는 것에 비할 수 없다. 그대에게 권하노니, 떡 살 돈을 많이 내서 흰머리에 세월이 얼마 남지 않은 어버이를 공양하라.

쓰기

看	君	晨	入	市	買	餅	又	買	餻	少	聞	供	父	母	多	說
供	兒	曹	親	未	啖	兒	先	飽	子	心	不	比	親	心	好	勸
君	多	出	買	餅	錢	供	養	白	頭	光	陰	少				

5

市間賣藥肆에 惟有肥兒丸하고 未有壯親者하니 何故兩般看고 兒亦病親亦病에 醫兒不比醫親症이라 割股라도 還是親的肉이니 勸君亟保雙親命하라.

글자풀이

賣: 팔 매

惟: 오직 유, 생각할 유

肆: 방지할 사, 가게 사

肥: 살질 비, 걸 비

丸: 알 환, 탄알 환

般: 돌 반, 수바(數詞) 반

醫: 의원 의, 고칠 의

症: 증세 증

割: 가를 할, 빼앗을 할

股: 넓적다리 고

的: 과녁 적, 의 적

亟: 빠를 극, 급히 극

해석

시장에 있는 약 파는 가게에 오직 아이를 살찌게 하는 약만 있고 어버이를 튼튼하게 하는 약은 있지 않으니 무슨 까닭으로 두 가지로 보는가? 아이도 병들고 어버이도 병듦에 아이의 병 고치는 것은 어버이의 병 고치는 것에 비할 수 없도다. 자기 다리의 살을 베더라도 이는 도리어 어버이의 살이니, 그대에게 권하노니, 빨리 양친의 목숨을 보중하라.

쓰기

市	間	賣	藥	惟	有	肥	兒	丸	未	有	壯	親	者	何	故	兩
般	看	兒	亦	病	親	亦	病	醫	兒	不	比	醫	親	症	割	股
還	是	親	的	肉	勸	君	亟	保	雙	親	命					

6

富貴엔 養親易로되 親常有未安하고 貧賤엔 養兒難하되
兒不受饑寒이라 一條心兩條路에 爲兒終不如爲父라
勸君養親을 如養兒하고 凡事를 莫推家不富하라.

글자풀이

饑: 주릴 기, 흉년들 기
條: 가지 조, 조목 조
終: 마칠 종, 끝 종
推: 밀 추, 밀 퇴

해석

부귀하면 어버이를 봉양하기 쉬워도 어버이는 늘 마음이 편안하지 못하고, 가난하고 천하면 아이를 기르기 어려워도 아이는 굶주림과 추위를 겪지 않는다. 한 마음에 두 가지 길이라, 아이를 위함이 마침내 아버지를 위하는 것과 같지 않다. 그대에게 권하노니, 양친 섬김을 아이를 기르는 것과 같이 하고, 모든 일을 집이 부유하지 않음에 미루지 말라.

쓰기

富	貴	養	親	易	親	常	有	未	安	貧	賤	養	兒	難	兒	不
受	饑	寒	一	條	心	兩	條	路	爲	兒	終	不	如	爲	父	勸
君	養	親	如	養	兒	凡	事	莫	推	家	不	富				

7

養親엔 只有二人이로되 常與兄弟爭하고 養兒엔 雖十人이나
君皆獨自任이라 兒飽煖親常問하되 父母饑寒不在心이라
勸君養親을 須竭力하라 當初衣食이 被君侵이니라.

글자풀이

只: 단지 지
雖: 비록 수, 오직 수
皆: 다 개, 두루미칠 개
獨: 홀로 독

任: 맡길 림, 당할 임
煖: 따뜻할 난, 따뜻이할 난
須: 모름지기 수, 반드시 수

竭: 다할 갈, 질 갈
被: 받을 피, 입을 피, 당할 피
侵: 침노할 침, 침범할 침

해석

어버이를 봉양함에는 단지 두 분만 있는데도 늘 형제가 다투고, 아이를 기름에는 비록 열 명이라도 그대는 모두 홀로 스스로 맡는다. 아이가 배부르고 따뜻한지는 어버이가 늘 묻는데, 부모의 굶주리고 추운 것은 마음에 두지 않는다. 그대에게 권하노니, 어버이 봉양하기에 모름지기 힘을 다하라. 당초에 입는 것과 먹는 것을 그대에게 빼앗겼노라.

쓰기

養	親	只	有	二	人	常	與	兄	弟	爭	養	兒	雖	十	人	君
皆	獨	自	任	兒	飽	煖	親	常	問	父	母	饑	寒	不	在	心
勸	君	養	親	須	竭	力	當	初	衣	食	被	君	侵			

8

親有十分慈하되 君不念其恩하고 兒有一分孝하되
君就揚其名이라 待親暗待兒明하니 誰識高堂養子心고
勸君漫信兒曹孝하라 兒曹親子在君身이니라.

글자풀이

慈: 사랑할 자, 어머니 자
就: 이룰 취, 나갈 취, 곧 취
揚: 오를 양, 날릴 양
暗: 어두울 암, 몰래 암
待: 기다릴 대, 대접할 대

誰: 누구 수, 물을 수
識: 알 식, 적을 지
堂: 집 당, 당당할 당
漫: 질펀할 만, 함부로 만

참고

□ 高堂: 부모

해석

어버이는 많이 사랑하는데도 그대는 그 은혜를 생각지 아니하고, 자식은 조금 효도해도 그대는 그 이름을 드날린다. 어버이를 대하는 것은 어둡고 자식을 대하는 것은 밝으니, 브모가 그대 기른 마음을 그 누가 알리요? 그대에게 권하노니, 함부로 아이들의 효도를 믿지 말라. 아이들의 어버이가 그대인 것이다.

쓰기

親	有	十	分	慈	君	不	念	其	恩	兒	有	一	分	孝	君	就
揚	其	名	待	親	暗	待	兒	明	誰	識	高	堂	養	子	心	勸
君	漫	信	兒	曹	孝	兒	曹	親	子	在	君	身				

제 23 편

효행속편(孝行續編)

解題

앞서의 孝行篇을 보충하여, 주로 우리 조상들이 부모를 어떻게 섬겼고 또 그로 인해 어떠한 보답이 있었는지 그 실례를 실었다.

1

孫順이 家貧하여 與其妻로 傭作人家以養母할새
有兒每奪母食이라 順이 謂妻曰兒奪母食하니 兒는 可得이어니와
母難再求라 하고 乃負兒往歸醉山北郊外하여 欲埋掘地러니
忽有甚奇石鐘이어늘 驚怪試撞之하니 春容可愛라
妻曰得此奇物은 殆兒之福이라 埋之不可라 하니 順이
以爲然하여 將兒與鐘還家하여 懸於樑撞之러니 王이
聞鐘聲할새 淸遠異常而覈聞其實하고 曰 昔에 郭巨埋子엔
天賜金釜러니 今孫順이 埋兒엔 地出石鐘하니 前後符同이라하고
賜家一區하고 歲給米五十石하니라.

글자풀이

傭: 품팔이할 용, 품살 용
奪: 빼앗을 탈, 빼앗길 탈
謂: 이를 위, 까닭 위
乃: 이에 내, 어조사 내
負: 질 부, 업을 부
往: 갈 왕, 예 왕
歸: 돌아갈 귀, 붙좇을 귀
醉: 취할 취, 취하게할 취
郊: 성밖 교, 시골 교
埋: 묻을 매, 감출 매
堀: 굴 굴, 팔 굴
忽: 홀연 홀, 소홀히할 홀
奇: 기이할 기, 때못만날 기
鐘: 종 종, 쇠북 종
警: 경계할 경, 놀랄 경
怪: 의심할 괴, 기이할 괴
試: 시험할 시, 조사할 시

撞: 부딪칠 당, 칠 당
舂: 찧을 용, 해질 용
容: 모습 용, 받아들일 용
殆: 위태할 태, 거의 태
懸: 달 현, 질 현
樑: 들보 량
聲: 소리 성, 소리낼 성
覈: 핵실 핵(조사하여 밝힘)
昔: 예 석, 접때 석
郭: 둘레 곽, 성 곽
賜: 줄 사, 받을 사
釜: 가마솥 부
符: 부신 부, 맞을 부
區: 지경 구, 나눌 구
歲: 해 세 , 나이 세
給: 넉넉할 급, 줄 급

참고

□ 孫順: 신라 42대 흥덕왕 때 牟梁里 사람으로, 경주 손씨의 시조이며 효자로 유명하다.
□ 郭巨: 중국 後漢 때 사람으로, 중국 二十四孝의 한 사람이다. 손순과 비슷한 연유로 아이를 묻으려 했는데 그 아래에서 금으로 만든 솥이 나왔다고 한다.

해석

손순이 집이 가난하여 그 아내와 더불어 남의 집에 품팔이를 해서 어머니를 봉양하였는데, 아이가 있어 매양 어머니의 음식을 빼앗는 것이었다. 순이 아내에게 이르기를, "아이가 어머니의 음식을 빼앗는데, 아이는 얻을 수 있거니와 어머니는 다시 구하기 어렵다." 하고, 아이를 업고 취산 북쪽 교외에 가서 묻으려고 땅을 팠더니, 홀연히 매우 기이한 석종이 있었다. 놀라 괴이하게 여겨 시험삼아 두드려 보니 울리는 소리가 사랑스러웠다. 아내가 말하기를, "이러한 기이한 물건을 얻은 것은 아마도 아이의 복인듯하니 묻어서는 안됩니다."라고 하니, 순이 그렇게 여겨 아이와 함께 종을 가지고 집으로 돌아와서 들보에 달아 놓고 이를 두드렸다. 왕이 종소리를 들으니 맑고 멀리 들리는 것이 보통과 달라, 그 사실을 조사하여 듣고 말하기를, "옛날에 곽거가 자식을 묻을 때에는 하늘이 금솥을 주시더니, 이제 손순이 아들을 묻으려는데 땅에서 석종이 나왔으니 앞과 뒤가 꼭 맞는다."라고 하고, 집 한 채를 주고 해마다 쌀 오십석을 주었다.

쓰기

孫	順	家	貧	與	其	妻	傭	作	人	家	以	養	母	有	兒	每
奪	母	食	順	謂	妻	曰	兒	奪	母	食	兒	可	得	母	難	再
求	乃	負	兒	往	歸	醉	山	北	郊	外	欲	埋	掘	地	忽	有
甚	奇	石	鐘	驚	怪	試	撞	之	春	容	可	愛	妻	曰	得	此
奇	物	殆	兒	之	福	埋	之	不	可	順	以	爲	然	將	兒	與
鐘	還	家	懸	於	樑	撞	之	王	聞	鐘	聲	淸	遠	異	常	而
覈	聞	其	實	曰	昔	郭	巨	埋	子	天	賜	金	釜	今	孫	順
埋	兒	地	出	石	鐘	前	後	符	同	賜	家	一	區	歲	給	米

五	十	石														

2

尚德은 值年荒癘疫하여 父母飢病濱死라

尚德이 日夜不解衣하고 盡誠安慰하되

無以爲養則刲髀肉食之하고 母發癰疽에 吮之卽癒라

王이 嘉之하여 賜賚甚厚하고 命旌其門하고 立石紀事하니라.

글자풀이

尙: 오히려 상, 숭상할 상
值: 만날 치, 당할 치
荒: 거칠 황, 흉년들 황
癘: 염병 려, 문둥병 라
疫: 돌림병 역, 역귀 역
濱: 물가 빈, 임박할 빈
解: 풀 해, 가를 해
慰: 위로할 위, 위안할 위
刲: 벨 규, 찌를 규
髀: 넓적다리 비
癰: 악창 옹
疽: 악창 저
吮: 빨 연, 핥을 연
癒: 나을 유
嘉: 아름다울 가, 기릴 가
賚: 줄 뢰, 사물 뢰(하사한 물건)
旌: 정문 정, 기 정
紀: 적을 기, 해 기, 법 기

참고

□ 尙德: 신라 사람으로, 효성이 지극했다.

□ 旌門: 효자 · 충신 · 열녀 등을 표창하기 위해서 그 집 문 앞에 세우는 붉은 문으로, 간단히 사실을 기록했다.

해석

상덕은 흉년들고 염병이 도는 해를 당하여 부모가 굶주리고 병들어 거의 죽게 되었다. 상덕이 밤낮으로 옷을 풀지 않고 정성을 다하여 편안하게 위로해 드리는데, 봉양할 것이 없으면 넓적다리의 살을 베어 먹이고, 어머니가 종기가 나자 그것을 입으로 빨아서 곧 나았다. 왕이 어여삐 여겨 물건 하사하기를 매우 후하게 하고, 그 집에 정문(旌門)을 세우고 비석을 세워 이 일을 기록하게 하였다.

쓰기

尙	德	値	年	荒	癘	疫	父	母	飢	病	瀕	死	尙	德	日	夜
不	解	衣	盡	誠	安	慰	無	以	爲	養	則	刲	髀	肉	食	之
母	發	癰	疽	吮	之	卽	癒	王	嘉	之	賜	賚	甚	厚	命	旌
其	門	立	石	紀	事											

3

都氏家貧至孝라 賣炭買肉하여 無闕母饌이러라.
一日은 於市에 晩而忙歸러니 鳶忽攫肉이어늘 都悲號至家하니
鳶旣投肉於庭이러라 一日은 母病索非時之紅柿어늘
都彷徨柿林하여 不覺日昏이러니 有虎屢遮前路하고 以示乘意라
都乘至百餘里山村하여 訪人家投宿이러니 俄而主人이
饋祭飯而有紅柿라 都喜問柿之來歷하고 且述己意한대
答曰亡父嗜柿故로 每秋擇柿二百個하여 藏諸窟中而至此
五月則完者不過七八이라가 今得五十個完者故로 心異之러니
是天感君孝라 하고 遺以二十顆어늘 都謝出門外하니
虎尙俟伏이라 乘至家하니 曉鷄喔喔이러라
後에 母以天命으로 終에 都有血淚러라.

글자풀이

都: 도읍 도, 모두 도
炭: 숯 탄, 석탄 탄
闕: 대궐문 궐, 궐할 궐(빠뜨림)
饌: 차려낼 찬, 음식찬
晩: 늦을 만, 저물 만
忙: 바쁠 망, 빠를 망
鳶: 솔개 연, 연 연
攫: 움킬 확
悲: 슬퍼할 비, 자비 비
號: 부르짖을 호, 울 호
投: 던질 투, 맞을 투
庭: 뜰 정, 곧을 정
索: 찾을 색, 노 삭(노끈)
紅: 붉을 홍, 연지 홍
彷: 배회할 방, 비슷할 방
徨: 방회할 황
柿: 감 시, 감나무 시
覺: 깨달을 각, 나타날 각
昏: 날저물 혼, 어두울 혼
虎: 범 호
屢: 여러 루, 번거로울 루
遮: 막을 차, 가릴 차
示: 보일 시
乘: 탈 승, 오를 승
餘: 남을 여, 나머지 여
訪: 묵을 방, 찾을 방
宿: 묵을 숙, 묵힐 숙
俄: 갑자기 아, 잠시 아
饋: 보낼 궤, 권할 궤
祭: 제사 제, 제사지낼 제
歷: 지낼 력, 다닐 력
且: 또 차, 만일 차
述: 말할 술, 지을 술
答: 대답할 답, 갚을 답
嗜: 즐길 기
擇: 가릴 택
藏: 감출 장, 숨을 장
諸: 모든 제 , 어조사 제(之於)
窟: 굴 굴, 움 굴
完: 완전할 완, 끝날 완
感: 느낄 감, 감동할 감
遺: 남길 유, 남을 유
顆: 낟알 과, 흙덩이 과
謝: 사례할 사, 끊을 사
俟: 기다릴 사, 떼지어갈 사
伏: 엎드릴 복, 숨을 복
曉: 새벽 효, 밝을 효
鷄: 닭 계
喔: 울 악, 선웃움칠 악
淚: 눈물 루, 울 루

참고

□ 都氏: 조선시대 哲宗 때 사람.

해석

도씨는 집은 가난했지만 효성이 지극하였다. 숯을 팔아 고기를 사서 어머니의 반찬에 빠지지 않게 하였다. 하루는 시장에서 늦게 바삐 돌아오는데 솔개가 갑자기 고기를 채갔다. 도씨가 슬피 울며 집에 돌아와 보니 솔개가 벌써 고기를 뜰에 던져 놓았다. 하루는 어머니가 때아닌 홍시를 찾으니, 도씨가 감나무 수풀을 방황하며 날이 저무는 것도 깨닫지 못하고 있는데, 호랑이가 나타나서 여러 번 앞 길을 가로 막고 타라는 뜻을 보였다. 도씨가 타고 백여 리나 되는 산촌에 이르러 인가를 찾아 투숙하였는데, 얼마 안되어 주인이 제사밥을 차려주는데 홍시가 있었다. 도씨가 기뻐 감의 내력을 묻고 또 자기의 뜻을 말하니, 주인이 대답하기를, "돌아가신 아버지께서 감을 좋아하신 까닭에 매년 가을에 감 이백 개를 골라 굴 속에 저상하였다가 이 오월달에 이르면 완전한 것이 칠팔 개에 불과하더니, 이번에는 오십 개의 완전한 것을 얻은 까닭에 마음에 이상하게 생각했더니, 이는 하늘이 그대의 효성에 감동한 것이오."라고 하고는 이십 개를 내어 주니, 도씨가 감사하고 문밖으로 나오니 호랑이가 아직도 엎드려 기다리고 있었다. 타고 집에 이르니 새벽닭이 꼬끼오하고 울었다. 후에 어머니가 천명으로 돌아가자 도씨가 피눈물을 흘렸다.

쓰기

都	氏	家	貧	至	孝	賣	炭	買	肉	無	闕	母	饌	一	日	於
市	晚	而	忙	歸	鳶	忽	攫	肉	都	悲	號	至	家	鳶	旣	投
肉	於	庭	一	日	母	病	索	非	時	之	紅	柹	都	彷	徨	柹

林不覺日昏有虎屢遮前路以示乘意都乘
至百餘里山村訪人家投宿俄而主人饋祭
飯而有紅柿都喜問柿之來歷且述己意答
曰亡父嗜柿故每秋擇柿二百個藏諸窟中
而至此五月則完者不過七八今得五十個
完者故心異之是天感君孝遺以二十顆都
謝出門外虎尚俟伏乘至家曉鷄喔喔後母
以天命終都有血淚

제 24 편

염의편(廉義篇)

解題

가정생활에서의 근본은 효도이고, 사회생활의 근본은 청렴과 의리라고 할 수 있다. 우리 옛 조상들은 이 청렴과 의리를 어떻게 실천했는지 그리고 그로 인해 어떤 보답을 받았는지 살펴보자.

1

印觀이 賣綿於市할새 有署調者하여 以穀買之而還이러니
有鳶이 攫其綿하여 墮印觀家니라 印觀이 歸于署調曰
鳶墮汝綿於吾家라 故로 還汝하노라 署調曰 鳶攫綿與汝는
天也라 吾何爲受리오 印觀曰 然則還汝穀하리라
署調曰 吾與汝者가 市二日이니 穀已屬汝矣라 하고
二人이 相讓이라가 幷棄於市하니 掌市官이 以聞王하여
幷賜爵하니라.

글자풀이

印: 인 인, 성 인
觀: 볼 관, 모양 관
綿: 솜 면, 솜옷 면
署: 임명할 서, 성 서

調: 고를 조.
穀: 곡식 곡, 좋을 곡
還: 돌아올 환, 도리어 환
墮: 떨어질 타, 빠질 타

汝: 너 여, 물이름 여
受: 받을 수, 어조사 수
然: 그럴 연, 그러나 연
與: 줄 여, 더불 여
屬: 좇을 속, 이을 촉
讓: 겸손할 양, 사영할 양

幷: 어우를 병, 어울릴 병
棄: 버릴 기, 폐할 기
掌: 손바닥 장, 맡을 장
賜: 줄 사, 받을 사
爵: 벼슬 작, 잔 작

참고

□ 印觀·署調: 신라시대 사람들로 전해짐.

해석

인관이 시상에서 솜을 파는데, 서조라는 사람이 곡식으로 그것을 사가지고 돌아가다가, 솔개가 있어 그 솜을 채 가지고 인관의 집에 떨어뜨렸다. 인관이 서조에게 돌려보내며 말하기를, "솔개가 그대의 솜을 내 집에 떨어뜨렸으므로 그대에게 돌려주겠소."라고 하였다. 서조가 말하기를, "솔개가 솜을 채다가 그대에게 준 것은 하늘의 뜻이오. 내가 어찌 받으리오?"라고 하였다. 인관이 말하기를, "그렇다면 그대의 곡식을 돌려주겠소."라고 하였다. 서조가 말하기를, "내가 그대에게 준 것이 장이 두 번 지났으니 곡식은 이미 그대에게 속한 것이오."라고 하고, 두 사람이 서로 사양하다가 솜과 곡식을 함께 시장에 버렸다. 시장을 관장하는 관리가 이를 임금께 알려, 함께 벼슬을 주었다.

쓰기

印	觀	賣	綿	於	市	有	署	調	者	以	穀	買	之	而	還	有
鳶	攫	其	綿	墮	印	觀	家	印	觀	歸	于	署	調	曰	鳶	墮
汝	綿	於	吾	家	故	還	汝	署	調	曰	鳶	攫	綿	與	汝	天

也	吾	何	爲	受	印	覩	曰	然	則	還	汝	穀	署	調	曰	吾
與	汝	者	市	二	日	穀	已	屬	汝	矣	二	人	相	讓	幷	棄
於	市	掌	市	官	以	聞	王	幷	賜	爵						

2

洪虁爕이 少貧甚無料러니 一日早에 婢兒踊躍獻七兩錢曰
此在鼎中하니 米可數石이요 柴可數馱니 天賜天賜니다
公이 驚曰 是何金고 卽書失金人推去等字하여
付之門楣而待러니 俄而姓劉者來問書意어늘 公이 悉言之한대
劉曰 理無失金於人之鼎內하니 果天賜也라. 盍取之니잇고
公이 曰 非吾物에 何오 劉俯伏曰 小的이 昨夜에
爲竊鼎來라가 還憐家勢蕭條而施之러니 今感公之廉价하고
良心이 自發하여 誓不更盜하고 願欲常待하나니 勿慮取之하소서
公이 卽還金曰 汝之爲良則善矣나 金不可取라 하고
終不受러라 後에 公이 爲判書하고 其子在龍이 爲憲宗國舅하며
劉亦見信하여 身家大昌하니라.

글자풀이

洪: 넓을 홍, 성 홍
夔: 짐승이름 기, 조심할 기
燮: 화할 섭, 불에익힐 섭
料: 헤아릴 료, 요금 료
婢: 계집종 비, 소첩 비
踊: 뛸 용, 춤출 용
躍: 뛸 약, 나아갈 약
獻: 드릴 헌, 권할 헌
鼎: 솥 정, 바야흐로 정
柴: 섶 시, 시제사 시
馱: 실을 태, 짐 타
警: 경계할 경, 놀랄 경
推: 밀 추, 밀 퇴
付: 줄 부, 붙을 부
楣: 문미 미, 처마 미
俄: 잠시 아, 갑자기 아
悉: 다 실, 갖출 실
盍: 어찌아니할 합, 모일 합
俯: 숙일 부, 누울 부
竊: 훔칠 절, 도둑 절
蕭: 쑥 소, 쓸쓸할 소
廉: 청렴할 렴, 쌀 렴
价: 착할 개, 중개할 개
誓: 맹세 서, 맹세할 서
慮: 생각할 려, 걱정할 려
判: 가를 판, 판단할 판
憲: 법 헌, 모범 헌
舅: 외숙 구, 시아버지 구, 장인 구

참고

□ 推去: 찾아가다.

해석

홍기섭이 젊어서 가난하기가 심히 헤아릴 수 없었는데, 하루는 아침에 어린 계집종이 뛰어 와서 일곱냥의 돈을 바치면서 말하기를, "이것이 솥 속에 있었으니, 쌀이 가히 몇 섬이며, 나무가 가히 몇 짐입니다. 하늘이 주신 것입니다."라고 하였다. 공이 놀라 말하기를, "이것이 어찌된 돈인고?"라고 하면서 곧 돈을 잃은 사람은 찾아가라는 등의 글자를 써서 문 위에 붙이고 기다리니 얼마 안되어 성이 유라는 사람이 글 뜻을 물었다. 공이 그것을 다 말했더니 유가 말하기를, "남의 솥 속에 돈을 잃어버릴 까닭이 없으니 과연 하늘이 주신 것입니다. 어찌 취하지 않으십니까?"라고 하였다. 공이 말하기를, "내 물건이 아닌데 어찌 하겠소?"라고 하였다. 유가 꿇어 엎드리며 말하기를, "소인이 어젯밤 솥을 훔치러 왔다가 도리어 가세가 쓸쓸한 것을 가

엽게 여겨 그것을 두고 갔는데, 이제 공의 청렴함에 감동하여 양심이 스스로 생겨 다시는 도둑질을 하지 않기로 맹세하오며, 늘 옆에서 모시기를 원하오니, 염려마시고 취하십시오"라고 하였다. 공이 돈을 돌려주면서 말하기를, "그대가 어질게 된 것은 좋으나 돈은 가질 수 없소"라고 하고 끝내 받지 않았다. 뒤에 공은 판서가 되고 그 아들 재룡이 헌종의 장인이 되었으며, 유도 또한 신임을 얻어 일신과 집안이 크게 번창하였다.

쓰기

洪	夔	燮	少	貧	甚	無	料	一	日	早	婢	兒	踊	躍	獻	七
兩	錢	曰	此	在	鼎	中	米	可	數	石	柴	可	數	馱	天	賜
天	賜	公	驚	曰	是	何	金	卽	書	失	金	人	推	去	等	字
付	之	門	楣	而	待	俄	而	姓	劉	者	來	問	書	意	公	悉
言	之	劉	曰	理	無	失	金	於	人	之	鼎	内	果	天	賜	也
盍	取	之	公	曰	非	吾	物	何	劉	俯	伏	曰	小	的	昨	夜
爲	竊	鼎	來	還	憐	家	勢	蕭	條	而	施	之	今	感	公	之
廉	价	良	心	自	發	誓	不	更	盜	願	欲	常	待	勿	慮	取
之	公	卽	還	金	曰	汝	之	爲	良	則	善	矣	金	不	可	取

終	不	受	後	公	爲	判	書	其	子	在	爲	憲	宗	國	舅	劉
亦	見	信	身	家	大	昌										

3

高句麗平原王之女幼時에 好啼러니 王이 戱曰以汝로 將歸于愚溫達하리라 及長에 欲下嫁于上部高氏한대 女以王不可食言으로 固辭하고 終爲溫達之妻로다 蓋溫達이 家貧하여 行乞養母러니 時人이 目爲愚溫達也러라 一日은 溫達이 自山中으로 負楡皮而來하니 王女訪見曰 吾乃子之匹也라 하고 乃賣首飾而買田宅器物하야 頗富하고 多養馬以資溫達하여 終爲顯榮하니라.

글자풀이

啼: 울 제
戱: 놀 희, 놀이 희, 희롱할 희
溫: 따뜻할 온, 익힐 온
達: 달할 달, 통할 달
嫁: 시집갈 가, 시집보낼 가
固: 진실로 고, 굳이 고
辭: 말씀 사, 사양할 사
楡: 느릅나무 유
蓋: 대개 개, 덮을 개
乞: 빌 걸, 구할 걸
匹: 짝 필, 필 필(옷감 길이의 단위)
宅: 집 택, 묏자리 택

飾: 꾸밀 식, 가선 식
器: 그릇 기, 그릇으로쓸 기
頗: 자못 파, 치우칠 파
顯: 밝을 현, 나타날 현

참고

□ 平原王: 고구려 25대 임금.
□ 楡: 느릅나무. 껍질은 약으로 쓰이고, 즙은 도료로 쓰임
□ 顯榮: 이름을 날리고 영화를 누림.

해석

고구려 평원왕의 딸이 어렸을 때에 잘 우니, 왕이 희롱하여 말하기를, "장차 너를 바보 온달에게 시집 보내겠다."라고 하였다. 장성하여 상부 고씨에게 시집보내고자 하니, 딸이 임금님은 식언할 수 없다 하여 굳이 사양하고 마침내 온달의 아내가 되었다. 온달은 집이 가난하여 다니며 구걸하여 어머니를 봉양하니 그때 사람들이 보고서 바보 온달이라 하였다. 하루는 온달이 산 속으로부터 느릅나무 껍질을 지고서 돌아오니, 임금의 딸이 찾아와서 말하기를, "내가 곧 그대의 배필이오."라고 하고, 곧 머리의 장식을 팔아 밭과 집과 기물을 사서 매우 부유하게 되고, 말을 많이 길러 온달을 도와 마침내 이름을 날리고 영화를 누리게 되었다.

쓰기

高	句	麗	平	原	王	之	女	幼	時	好	啼	王	戲	曰	以	汝
將	歸	于	愚	溫	達	及	長	欲	下	嫁	于	上	部	高	氏	女
以	王	不	可	食	言	固	辭	終	爲	溫	達	之	妻	蓋	溫	達
家	貧	行	乞	養	母	時	人	目	爲	愚	溫	達	也	一	日	溫

達	自	山	中	負	楡	皮	而	來	王	女	訪	見	曰	吾	乃	子
之	匹	也	乃	賣	首	飾	而	買	田	宅	器	物	頗	富	多	養
馬	以	資	溫	達	終	爲	顯	榮								

제 25 편

권학편(勸學篇)

解題

본편 중의 勤學篇에 이어, 젊은이들에게 세월을 아껴 배움에 정진하기를 권면하는 내용의 글들이다. 세상살이의 여러 다른 이치와 마찬가지로 배움에도 시기가 있으며, 그 시기는 쏜살같이 흘러가는 것이기에 놓치지 말아 후회하는 일이 없도록 해야 하겠다.

1

朱子曰 勿謂今日不學而有來日하며
勿謂今年不學而有來年하라 日月逝矣라 歲不我延이니
嗚呼老矣라 是誰之愆고.

글자풀이

逝: 갈 서, 이어 서
延: 끌 연, 늘일 연
嗚: 오호라 오, 탄식할 오
呼: 숨내쉴 호, 슬프다할 호
誰: 누구 수, 예 수
愆: 허물 건, 어그러질 건

해석

주자가 말하기를, "오늘 배우지 않고 내일이 있다고 말하지 말며, 올해 배우지 않고 내년이 있다고 말하지 말라. 날과 달이 간다. 세월은 나를 위해 늦추지 않으니, 아! 늙었도다. 이 누구의 허물인고?"라고 하였다.

쓰기

朱	子	曰	勿	謂	今	日	不	學	而	有	來	日	勿	謂	今	年
不	學	而	有	來	年	日	月	逝	矣	歲	不	我	延	嗚	呼	老
矣	是	誰	之	愆												

2

少年은 易老하고 學難成이니 一寸光陰이라도 不可輕하라
未覺池塘春草夢하여 階前梧葉은 已秋聲이라.

글자풀이

陰: 음기 음, 그늘 음
覺: 깨달을 각, 나타날 각
池: 못 지, 베풀 지
塘: 못 당, 둑 당
階: 섬돌 계, 층계 계
梧: 벽오동나무 오, 책상 오
葉: 잎 엽, 대 엽(세대)
聲: 소리 성, 소리낼 성

참고

□ 一寸光陰: 한 치의 아주 짧은 시간

해석

소년은 늙기 쉽고 배움은 이루기 어려우니, 한 치의 시간이라도 가벼이 해서는 안된다. 아직 못가 봄풀의 꿈을 깨기도 전에 섬돌 앞 오동나무잎은 벌써 가을 소리를 낸다.

쓰기

少	年	易	老	學	難	成	一	寸	光	陰	不	可	輕	未	覺	池
塘	春	草	夢	階	前	梧	葉	已	秋	聲						

3

陶淵明詩에 云하되 盛年은 不重來하고 一日은 難再晨이니 及時엔 當勉勵하라 歲月은 不待人이니라.

글자풀이

陶: 질그릇 도, 구울 도
淵: 못 연, 깊을 연
盛: 성할 성, 그릇 성
重: 무거울 중, 거듭 중
晨: 새벽 신, 새벽알릴 신
勉: 힘쓸 면, 권면할 면
勵: 힘쓸 려, 권면할 려

참고

□ 陶淵明(371~427): 중국 東晉시대의 시인. 이름은 潛, 자는 元亮. 벼슬살이에 염증을 느껴

사직하고 고향으로 돌아가 전원생활을 즐기며 중국 전원시파의 최고봉을 이루었다. 명작 〈歸去來辭〉의 작가이다.

해석

도연명의 시에 이르기를, "젊은 나이는 거듭 오지 않고, 하루는 새벽이 두 번 있지 않으니, 때에 미쳐서는 마땅히 학문에 힘쓰라. 세월은 사람을 기다리지 않는다."라고 하였다.

쓰기

陶	淵	明	詩	云	盛	年	不	重	來	一	日	難	再	晨	及	時
當	勉	勵	歲	月	不	待	人									

4

荀子曰 不積蹞步면 無以至千里요

不積小流면 無以成江河니라.

글자풀이

積: 쌓을 적, 정체할 적

蹞: 반걸음 규

流: 흐를 유, 흐름 류

해석

순자가 말하기를, "반 걸음을 쌓지 않으면 천리에 이르지 못할 것이고, 작은 흐름을 쌓지 않으면 강하를 이루지 못한다."라고 하였다.

쓰기

荀	子	曰	不	積	蹞	步	無	以	至	千	里	不	積	小	流	無
以	成	江	河													

신편 명심보감

1999년 3월 10일 초판 1쇄 발행
2014년 2월 10일 초판11쇄 발행

저자와의
협의하에
인지생략

저 자 최 형 욱
펴낸이 임 순 재
펴낸곳 **한올출판사**
등록 제11-403호
121-849
주 소 서울시 마포구 성산동 133-3 한올빌딩 3층
전 화 (02)376-4298(대표)
팩 스 (02)302-8073
홈페이지 www.hanol.co.kr
e-메 일 hanol@hanol.co.kr
정 가 14,000원